AF401627

LES INTELLÉCTUELS

SOCIÉTÉ FRANÇAISE

RENÉ LOTE
AGRÉGÉ DE L'UNIVERSITÉ
DOCTEUR ÈS LETTRES

LES INTELLECTUELS

DANS LA

SOCIÉTÉ FRANÇAISE

DE L'ANCIEN RÉGIME A LA DÉMOCRATIE

Ouvrage suivi d'une étude sur Félix Le Dantec

PARIS
LIBRAIRIE FÉLIX ALCAN
108, BOULEVARD SAINT-GERMAIN, 108

1918

A MON FRÈRE

Nous étant destinés tous deux, dès le jeune âge,
à cette vie intellectuelle si prodigue des intimes
joies de l'esprit,
— non point par un ascétisme précoce
ni par aversion pour une vie active,
mais pour y satisfaire plus librement une curiosité plus hardie, —
et depuis lors ayant senti de jour en jour
combien ce goût d'indépendance et de libre jugement
a peine à s'accorder avec les mille obligations
sociales,
la tyrannie du milieu, les exigences de l' « opinion », la camaraderie, l'intérêt personnel,
enfin, avec tout ce que suppose, même dans l'austère « métier de science », le souci d'une belle carrière...
— oui, l'ayant observé, pour en souffrir peut-
être,
nous avons gardé pourtant le même idéal.

Car nous avons trop le souci de l'explication
pour ne point nous élever, au-dessus de quelques
incommodités particulières,
aux causes générales qui les dominent,
pour ne point trouver, en ce problème du sort
des « Intellectuels » dans la société française,
— avec les moyens de comparaison, et de retour

sur nous-mêmes, que nous offre l'exemple de nos voisins, de nos ennemis, —

l'occasion de méditer sur notre démocratie moderne...

moins épris de grands mots, voire même d' « immortels principes », que de réalités, d'expérience et de réflexion,

et de moralité aussi,

dans l'éducation de cette « humanité nouvelle »...

qui est toujours la vieille humanité de nos classiques;

la reconnaissant sous les habits du jour avec sa nature qui ne change pas si vite;

sans illusion à son égard, comme aussi sans misanthropie, sans vaine rancœur;

sans méconnaître ni la difficulté ni la nécessité du remède,

de la discipline salutaire, de la haute culture qui élève les esprits;

en somme, ayant mieux à faire qu'espérer ou désespérer :

voir clair et savoir...

n'étant pas responsables des erreurs que d'autres ont commises,

et ne nous flattant pas d'en guérir la foule;

fort occupés déjà à les éviter nous-mêmes;

— et trouvant du moins, dans la joie de comprendre,

une source de sérénité.

RENÉ LOTE.

LES INTELLECTUELS

DANS LA
SOCIÉTÉ FRANÇAISE

PRÉFACE

Nous sommes sous le régime de « l'Opinion[1] ». C'est elle, officiellement, qui élit ceux qui la gouvernent — ou qui font mine de la gouverner. Ils ne sont que ses « représentants » : comment auraient-ils l'autorité de la conduire ? — Elle règne donc, elle le sait, elle aime qu'on le sache et qu'on la flatte, et même en paraissant la diriger on ne fait autre chose que de la suivre[2] : au Parlement et dans la Presse, il

1. Le mot, pris ainsi absolument, semble avoir un sens quelque peu métaphysique. Ce n'est pas nous qui le lui donnons. Nous l'empruntons tel quel au langage courant, où en effet cette puissance anonyme — l'opinion publique, ou, d'un seul mot, l'Opinion — apparaît comme une entité vague autant que souveraine dans la Démocratie.

2. Les habiles font plutôt l'inverse, affectent de la suivre pour

n'est bruit que de ménager « l'Opinion », de la satisfaire, de devancer ses désirs[1].

Sa tyrannie est passée dans les mœurs. Comme on lui a donné le droit de contrôler ses élus, elle a pris celui de contrôler tout le monde — et de réclamer à tout propos le respect de ses volontés. On chercherait en vain, de nos jours et dans un régime comme le nôtre, quelle autorité, quelle compétence, est à l'abri de son bon plaisir... ou de celui des démagogues qui parlent en son nom[2].

Comment lui résister ? Sa force est faite de la crainte qu'elle inspire, et que le régime consacre : or, une longue habitude de vivre en société ne développe pas le courage de maintenir une opinion envers et contre l'opinion régnante. Cette espèce de pusillanimité n'exclut nullement, à d'autres heures, la bravoure sur les champs de bataille : il s'agit d'un certain manque de caractère qui est particulier à la vie sociale, et qui fait la tyrannie des majorités.

Mais enfin, cette puissance anonyme a bien quelques dirigeants, ou du moins quelques inspirateurs ?

mieux l'amener à leur politique : ils s'efforcent de lui suggérer leurs propres intentions... mais en lui persuadant qu'elle en est l'inspiratrice.

1. Nous sommes trop convaincus de l'importance des forces intellectuelles et morales pour encourir le reproche de « dédaigner » cette réelle puissance qu'est l'Opinion publique : nous regrettons seulement qu'à la flatter ainsi on la déprave, au lieu de l'éduquer vraiment.

2. et dont l'autorité n'est faite que de celle qu'ils lui empruntent.

Il y a eu en effet des démagogues plus ou moins sincères, de tout temps et dans toutes les Républiques.
Il y eut même des « philosophes » à l'origine lointaine de la nôtre, à une époque où l'autorité des penseurs comptait encore dans la société française. Ces
penseurs du dix-huitième siècle, entre tous Voltaire
et Rousseau, furent les vrais maîtres de la Révolution.
Mais leur idéologie humanitaire est demeurée, presque
immuable, l'Évangile des démocraties modernes : intellectuellement, elles n'ont guère ajouté depuis lors
— ni surtout retranché — aux « immortels principes » de 1789; et les « penseurs » officiels n'ont pas
fait davantage. D'ailleurs, peut-il en exister désormais qui pensent ce que ne penserait pas l'Opinion?
Ceux-là ne seraient pas d'accord avec le régime : ils
n'auraient aucune place à attendre d'une démocratie.

Savez-vous que ce manque d'indépendance, dans le
domaine de l'esprit, ressemblerait à une décadence
de la pensée — s'il n'y avait pas, à l'écart de la vie
publique, et souvent, hélas ! sans aucun rapport avec
elle, ceux qui travaillent, qui savent et qui pensent?
L'Université française a eu de vrais savants — mais
à peu près comme notre Littérature a de purs artistes
qui font les délices des amateurs... et aussi du grand
public quand ils ont le talent de l'intéresser : ce qui
n'est pas toujours donné aux esprits sérieux.

On pourrait nous objecter sans doute les succès de
conférencier que tel philosophe peut toujours obtenir,
et même l'influence qu'il a exercée çà et là sur la
sensibilité de son auditoire juvénile ou féminin. Où

est-il pourtant, celui qui vraiment a informé l'esprit public ? Où sont les penseurs qui, par exemple, longtemps avant 1914, ont prévenu la France de l'agression, et l'ont munie scientifiquement pour toutes les luttes mondiales de la guerre et de la paix ? L'impréparation de la France aux « surprises » de la Grande Guerre restera la preuve la plus sanglante de l'inexistence — ou de l'inutilisation — des hautes compétences qui seules peuvent avertir un grand peuple. Ou il n'y en avait pas, ou l'État ne s'en est pas servi : voit-on le moyen d'éluder ce dilemme ?

Même devant les leçons de la guerre, on ne prend pas le chemin de remédier à cette grave insuffisance, de rendre aux travaux de l'esprit leur rôle d'utilité publique et leur dignité dans l'État. C'est autant de perdu pour l'indépendance et le prestige de notre patrimoine intellectuel. Non seulement la pensée française a mal défendu sa cause devant l'opinion de son propre pays, mais à plus forte raison elle s'est rendue peu apte à se défendre vis-à-vis des importations étrangères. Avant la guerre, elle subissait le prestige de la puissance allemande, et se laissait gagner par le mysticisme d'outre-Rhin. Comme cet aveugle engouement a engendré quelques déceptions — que nos « penseurs » officiels ont dû parfois avouer publiquement, ce qui ne renforce pas leur autorité, — il est assez explicable que les occupations intellectuelles aient moins de crédit que jamais. Ce discrédit menace de s'étendre à toutes les besognes de science proprement dite, et voici le péril auquel nous sommes exposés. Sous pré-

texte que de faux penseurs, des idéologues, ont
compromis le renom des idées, on prétend désormais
s'en tenir essentiellement aux besognes pratiques,
techniques, auxquelles suffiraient les innombrables
ingénieurs et contremaîtres de la grande Usine de
demain. Pauvre intelligence française : puisse-t-elle
ne pas tomber de son excès d'idéologie à un tel excès
d'empirisme ! Cet empirisme, du reste, ne porterait
pas plus la marque du génie français, que l'idéologie
d'avant-guerre : au lieu de venir d'Allemagne, il nous
viendrait d'Amérique [1].

Un tel tableau n'est attristant que si on le veut bien,
car l'Histoire nous indique le remède ; à nous de l'appliquer. Il n'en est qu'un : une autre éducation de
l'esprit public, une « culture » véritable, dans un régime nouveau — ou autrement compris — où les
compétences, et non plus l'Opinion, auraient l'autorité. Dans l'ensemble, cela supposerait une réforme
profonde de nos institutions ; en particulier, il faudrait relever la situation matérielle et morale du savant dans la vie publique : c'est l'affaire de l'État [2]; ce

1. Quoique l'Amérique aussi ait ses idéologues... et même des
idéalistes dans le vrai sens du mot.
2. Il serait souhaitable, en effet, que l'État prît en mains les
intérêts de la Science, qui devraient être aussi les siens. Il ne
s'agit donc pas d'une mainmise arbitraire, qui n'aboutirait
(comme on le craint) qu'à brimer les intelligences, en les asser-
vissant à un fonctionnarisme étroit — tel qu'on peut, malheureusement l'observer à la base de notre système d'Enseignement
depuis la Révolution et le premier Empire. Cet Étatisme tra-
cassier, peu intelligent, encourage chez nous les partisans de
l'initiative privée, notamment ceux de la liberté de l'Enseigne-

serait l'affaire aussi de l'Université, si elle comprenait ses intérêts, ceux du pays et ceux de la science.

Je ne dis pas que tout cela soit possible, et encore
moins que ce sera. Je me contente ici, historiquement,
d'interroger le passé intellectuel de la France avec
son passé politique, et de demander à la pensée française — du temps où elle fut classique et souveraine
en Europe — les raisons de son hégémonie, de les
demander aussi à la société du « grand siècle » ; de
chercher ensuite par quel malentendu entre l'État et
nos intellectuels, ceux-ci ont préparé le renversement
de l'ancien régime, pour instituer, par un appel au
peuple — à tous les peuples de la terre -- ce régime
de l'Opinion qui n'est pas précisément devenu le règne
de la pensée. Tant pis pour cet État français qui n'a
pas encore compris — comme son habile voisin —
tout le parti qu'il pourrait tirer de ses intelligences !
Et tant pis pour ces intelligences elle-mêmes... Mais
se sont-elles vraiment doutées de ce qui leur manquait
et de ce qui manquait à la France ? Oui, s'en sont-elles
toujours aperçues, à travers le jeu brillant des idées,
et les splendides illusions d'une Littérature unique au
monde ?

René Lote.

<hr>

ment. Mais leur critique n'atteint que cette parodie d'Étatisme.
Et d'ailleurs, quels ont été, en fait, les résultats du remède empirique qu'ils préconisent? Leur « Enseignement libre » a-t-il
rien donné de comparable à l'organisation et à l'œuvre scientifique des Universités allemandes? — encore bien moins que
notre Université officielle.

CHAPITRE PREMIER

1re Époque : **L'AUTORITÉ DU CLASSICISME**

UNE DISCIPLINE INTELLECTUELLE DANS LA SOCIÉTÉ FRANÇAISE

Pauvre grand dix-septième siècle ! comme tu symbolises, par ton destin dans l'opinion des hommes, ce que deviendraient bientôt toutes les gloires, si l'on n'y prenait garde, en nos « temps nouveaux » de Démocratie et de « Progrès »!... Ce me serait une raison de te défendre : non point pour le plaisir du paradoxe, mais plus positivement, pour l'utilité : car rien n'est si urgent à faire mieux connaître, qu'au moment même où le public le méconnaît. Oh ! je le sais bien, cela ne s'appelle pas suivre la mode — les modes littéraires — et ne peut donc être le point de vue de tous les critiques. Mais tu mérites, ô « grand siècle » ! qu'on prenne pour toi quelque peine, qu'on risque même d'ennuyer [1] et de déplaire : pour toi, qui ne t'es pas donné moins de peine pour nous.

---

1. Car le dix-septième siècle ne passe-t-il pas pour être plutôt

La leçon du grand siècle : ce qu'elle signifie pour le présent.

Car tu l'as fait, le voulant ou non, tu nous as initiés à cette éducation classique où tout n'est pas une rhétorique désuète, et qui d'abord a façonné ton jugement, ta morale, ta vie, avec ce bon sens fameux, ce goût de l'ordre dans les choses de l'esprit, et cette clarté que l'on dit encore « bien française ». Tout cela, tu nous l'as apporté à ton insu, je veux dire : sans abnégation, sans ostentation, sans te sacrifier au bonheur de quelque cité future, comme on nous le demande un peu trop souvent de nos jours, à nous qui subissons le lourd héritage des rêveries grandioses de la Révolution. Non : avant de travailler en vue d'un âge d'or, d'une idéale Humanité de demain, ne faut-il point travailler pour soi-même ? mais, ici encore, non pas en épicurien pressé de « cueillir l'heure qui passe » et ses fugitives délices, devant l'incertitude du lendemain ; entendons plutôt que l' « honnête homme » travaillera à bien vivre en vivant bien, ou — pour être plus clair — selon le Bien, comme selon le Beau et le Vrai. Et ce ne sont point là d'abstraites billevesées qui troublent la raison ; ce ne sont que des noms donnés à un certain idéal de vie pratique, comportant les meilleurs moyens de constituer une so-

ennuyeux... un peu par la faute, peut-être, des érudits qui voulaient que la science fût ennuyeuse, et qui, naturellement, n'ont pas contribué à vivifier l'étude de cette riche époque ?

ciété correcte, bien réglée, harmonieuse, entre personnes distinguées qui s'estiment et se ménagent — autant que le permettent la fausseté et l'envie inhérentes à l'espèce humaine, comme diraient certains pessimistes (dont La Rochefoucauld... ou le naturaliste Le Dantec [1]).

En un mot, pratiquer l'art de vivre mais en se façonnant soi-même par le talent d'observation, par la méditation personnelle et par l'effort intérieur : quel plus bel exemple d'expérience agissante, de zèle efficace pour le bien de l'humanité, l'éducation moderne pourrait-elle nous offrir ? Ah ! ce n'est pas à des utopies flatteuses que l'on allait demander une opinion sur la nature humaine : on prenait le temps de penser, d'observer, de connaître... Et ce n'est pas non plus en beaux discours que l'on améliorait une irréelle Humanité, mais en se rendant meilleur soi-même.

L'éducation d'une élite. Le perfectionnement individuel — par l'expérience et la réflexion — est la condition du progrès dans la vie de société.

Ici je devine qu'on va m'interrompre : comment osé-je parler aujourd'hui de ce moyen de « réaction » — l'éducation d'une élite — et pour « améliorer » le

---

1. En trouvant cités çà et là, au cours de ces études littéraires, le nom et les idées du biologiste — véritable « philosophe de la Vie », — on se préparera à mieux comprendre la Méditation qui lui est consacrée au terme de ces promenades à travers la fantaisie des littérateurs.

citoyen de l'avenir? Tout n'est-il pas naturellement pour le mieux dans la meilleure des Républiques : l'homme est parfait, ou sur le point de l'être ; et d'abord, « un homme n'en vaut-il pas un autre » ? Ainsi le veut la sainte Égalité ; n'en doutez pas, ou vous ne seriez plus de votre temps, vous dateriez par exemple de ce dix-septième siècle — où il y avait encore des gens « de qualité [1] ». — Au vrai, cette crainte actuelle de « n'être pas de son temps » a fait accepter bien des sottises. Nous lui devons, à cette timidité devant l'opinion admise, ou plutôt encore (c'est bien le mot) à cette crainte vaniteuse de paraître « retarder », oui, nous lui devons, depuis les « philosophes » du dix-huitième siècle, tout un lot de rêveries « modernes » qu'eût désavouées le ferme bon sens de nos vieux classiques, et qui ne l'ont jamais valu pratiquement dans la conduite de nos affaires — ni intérieures ni extérieures. Certaine croyance optimiste en la bonté naturelle, cette mysticité d'un Rousseau, avec toutes ses conséquences de métaphysique humanitaire — Égalité des hommes, Droit égal des nations — quel mirage d'une politique novatrice qui révolutionnerait le monde ! Quel germe d'espoirs prématurés, de prosélytisme imprudent, ou au contraire de confiance endormeuse ! D'abord, c'est la « grande Révolution », rédemptrice par les armes ; un siècle plus tard, après 70, c'est la même France mais vaincue, « libératrice »

---

1. Expression heureuse, malheureusement appliquée à une caste, à la noblesse qui ne la mérita pas toujours.

par la Paix. Et, dans un cas comme dans l'autre, en fin de compte, d'horribles et interminables guerres...

Mais que voulez-vous ! on a tellement vécu dans le mirage, qu'on ne s'en aperçoit plus : d'autant qu'il est plus facile d'en griser la jeunesse, enthousiaste par nature, et aussi les peuples, éternels enfants, que d'inculquer à des générations paresseuses, orientées par une éducation empirique vers les jouissances immédiates, l'art difficile et exquis de la vraie sagesse. Alors on ne retient que les grands mots vides de sens, mais toujours prometteurs d'un âge d'or prochain dans une félicité perpétuelle : et l'on oublie les folles imprudences, génératrices de calamités publiques ; on oublie le sang versé, les milliers de morts, et la menace de recommencer peut-être ; on vit au jour le jour, voguant au gré des événements, dans l'espérance que tout finira bien par « s'arranger », que la guérison viendra comme le mal est venu, qu'après la guerre renaîtra la paix, et qu'après cette paix il n'y aura plus de guerre. Philosophie à courte vue : mais comment s'en étonner, avec une telle éducation de l'esprit public ? Car pour prévoir il faut au moins refléchir... et l'on ne prend plus le temps de penser.

Cela dit, revenons au dix-septième siècle, où l'on réfléchissait tant, et si bien. A quoi ? Aux grandes questions européennes ? sans doute, le cas échéant, pour peu qu'on y eût soi-même des clartés personnelles par ses relations ou ses voyages, chose qui n'était pas rare dans la haute société dirigeante et pensante. On y songeait surtout pour se dire que nous

avions alors, jusque dans les moindres cours étrangères, quantité d' « agents » fort agissants en effet,
exercés au jeu de l'intrigue sans compromettre la dignité française, habiles à entretenir la plus vaste clien-
tèle qu'un État civilisé eût au dehors ; enfin, des « représentants » qui représentaient quelque chose, qui
se sentaient soutenus, stimulés, par un pouvoir central soucieux d'une diplomatie active pour les intérêts
de la France... Et le simple particulier, s'il manquait
d'informations précises sur les affaires du Grand Turc
ou sur la succession de Pologne, mais qu'il ne man-
quât point de bon sens, pouvait conclure que si des
erreurs restaient possibles, ce n'était pas lui, de son
Limousin ou de sa Provence, ni même de Versailles,
qui arrangerait les choses en « manifestant » son opinion à tous les carrefours. C'est ce que la sagesse des
nations traduit ainsi : « à chacun son métier », — et ce
que nous appelons le respect des compétences. Il est
vrai que le dix-septième siècle était encore loin de
notre ère de Progrès, où l'éducation des masses a réalisé de tels prodiges pour l'omniscience des électeurs,
où des orateurs populaires, à la Confédération générale
du Travail, se sont découvert maintes fois une telle
vocation de prophètes devant les vastes champs de la
grande politique européenne, et où, en un mot, l'on
reçut si longtemps, du haut d'une tribune, des lumières
quasi célestes sur les éventualités de la paix ou de la
guerre.

Le régime : les avantages et les écueils.

Mais comment attendre du public une sage réserve en face des questions qu'il ignore, quand chacun veut se faire une idée de tout — sans prendre la peine de savoir ? Aussi les « grandes idées » ont-elles pris la place des idées justes. Faute d'une expérience suffisante de l'Europe réelle — ce qui n'est évidemment pas à la portée de tous — on adopte des théories séduisantes, ou commodes, on a des « principes » de politique extérieure. Voilà un thème oratoire qui au dix-septième siècle n'avait pas grand cours, dans l'opinion des gens — de ceux qui en avaient une. Et pourtant il est assez moderne de parler avec dédain des « gens à principes », comme si le mot traînait après lui je ne sais quel relent d'ancien régime. Des « principes », dans le sens métaphysique du terme ? mais, hors de la vie religieuse ou morale, on s'en souciait alors peut-être moins qu'aujourd'hui ; même la plupart des jansénistes, disciples mondains des ascètes de Port-Royal, voyaient surtout en leur doctrine austère l'avantage pratique d'une discipline ; et quant aux « théories » dans le domaine des intérêts complexes de la vie publique, qu'en eût-on fait ? Il y avait un roi, pour présider aux affaires du pays ; puis des ministres, qui ne pouvaient tomber que par le « bon plaisir » du prince ; et ainsi de suite, depuis ce « roi-fonctionnaire » — et qui réellement travaillait — jusqu'aux plus petits fonctionnaires du royaume. « A chacun son métier », je le répète. Je ne soutiens pas que le régime ait été parfait; d'ailleurs, le régime parfait, où est-il,... sauf, bien entendu, sous la troisième République ? Une telle hiérarchie (je parle de celle d'autrefois) en impose; et elle décourage — sinon d'intriguer pour son compte — au moins de « faire de la politique », selon le mot d'aujourd'hui, ce qui signifie : tenter d'agir sur l'opinion publique, pour agir par elle sur le pouvoir. Si, sous l'absolutisme, les abus par « en haut » restent possibles (ils le sont encore de nos jours, car le régime électoral lui-même à ses tyranneaux), du moins les abus par « en bas » ne sont plus autant à craindre quand le premier venu n'a pas voix au chapitre.

Cela vous explique qu'on n'ait pas aperçu la politique du même point de vue qu'à notre époque, comme un champ de batailles oratoires où les Grandes Idées se mêlent étonnamment au souci fort matériel des intérêts particuliers, en un étrange pathos et avec un art parfois fort subtil d'arracher le vote d'autrui[1]. On parle des « grands principes » de la politique de Riche-

---

1. C'était alors beaucoup plus simple : le développement de la concurrence, l'éducation des électeurs « conscients » — et d'autant plus difficiles à contenter — n'avaient pas encore compliqué la tâche des doctrinaires. On en était à l'enfance de l'art. D'ailleurs, il faut bien le dire, tout ce qui ressemblait à une critique du régime n'était pas sans danger. Çà et là une belle âme — tel l'honnête Vauban — énonçait les revendications du « pauvre peuple » au péril de sa propre tête, ou de sa liberté : ce qui du reste le garantissait sincère, et en tous cas étranger à tout calcul électoral.

lieu — abaisser la maison d'Autriche, ruiner le parti des grands, interdire aux protestants de demeurer un État dans l'État; mais il suffit de le passer en revue, ce programme, pour constater combien les principes, ici, étaient à base d'expérience. On veut dire que ce remarquable homme d'État, qui gouverna son pays sous le règne nominal de Louis XIII, sut voir et vouloir les conditions de la grandeur française; qu'il eut le génie de la méthode et de la raison. Ceci, n'a rien de commun — en fait de politique extérieure — avec les « immortels principes » du beau mirage révolutionnaire, qui nous a valu plusieurs invasions en moins d'un siècle.

Versailles : le danger d'orgueil et les dessous de l'étiquette.

Sans doute, le règne prestigieux du « Roi-Soleil », malgré tout son rayonnement d'apparat, ne s'est pas terminé sans invasion, lui non plus; sans doute aussi la misère du peuple a parfois payé cher le luxe de Versailles; et d'une façon plus générale, dans l'ancienne France, le système financier — dont elle devait mourir un jour — restait trop soumis à l'arbitraire et à la concussion. Évidemment, à la faveur des longues guerres coûteuses, épuisantes (mais quelle n'y est pas la responsabilité d'un Guillaume d'Orange ou d'un Grand Électeur de Brandebourg!), les défauts du régime se sont accentués, d'autant plus sensibles au reste du royaume, que le faste de Versailles ne s'atténuait pas.

Entre cet excès de dépenses nouvelles, d'exigences imprévues, et cette stagnation d'un petit monde central, figé dans la contemplation de lui-même, n'est-ce pas le cas de dire qu'il y avait un abîme — un gouffre que le produit des impôts ne parvenait pas à combler, dans la démoralisation de ce régime de courtisans insatiables ? Peut-être aussi aurait-on lieu de reprocher à Louis XIV, au grand roi si réaliste à maints égards, si épris des intérêts de la France, un certain abus des « principes » en d'autres jours moins heureux, comme par un effet de l'âge — qui affaiblit parfois la faculté d'adaptation aux choses nouvelles, et par là même rend les vieillards intraitables, rebelles aux concessions quant aux idées directrices de leur vie. Cette pointe d'intransigeance orgueilleuse, qu'il n'avait que trop laissée percer aux regards envieux de l'Europe, la coalition rancunière de cette même Europe n'était pas faite pour en émousser la vigueur. En face de ses adversaires protestants, à qui s'était joint naturellement le Habsbourg d'Autriche, jamais la dignité de sa maison ne fut plus chère à ce « roi très chrétien », que dans cette affaire de succession d'Espagne où la France faillit sombrer pour l'avenir des Bourbons. Mais en somme, n'eut-il pas, en cela même, les qualités de ses défauts ? Il fut « grand roi » jusqu'en l'adversité. « J'aime mieux faire la guerre à mes ennemis qu'à mes enfants ! » Et il tint « jusqu'au bout », jusqu'à Denain : la France était sauvée.

Certes, qu'une décadence du régime, en quelque sorte, ait commencé dès avant Louis XV, les mœurs

dissolues de la Régence sont là pour le prouver ; cette
folle revanche de tous les instincts de jouissance,
naguère contenus plutôt qu'éduqués sous le règne de
l'étiquette de Versailles, en dit long sur l'hypocrisie
de l'ancienne cour. Le vice n'attendait que son heure
pour s'étaler sans vergogne ; depuis longtemps il in-
triguait dans l'ombre, déjà prêt à sacrifier les intérêts de l'État au plus vaniteux égoïsme, à la cupidité,
à la passion de l'intrigue : relisez Saint-Simon, qui
était lui-même un bien curieux spécimen de cette dangereuse espèce de politiciens de cour — un politicien
manqué, et par suite aigri contre tous ses rivaux heureux. Ah ! comme déjà l'on pressent, sous ces derniers
oripeaux de majesté royale, la frivolité vicieuse et
criminelle des favoris — et des favorites — qui ont gas-
pillé les trésors de l'ancienne France ! Cela prouve
qu'elle avait de tels trésors à perdre, trésors de ri-
chesses et de talents — sans qu'elle cessât de sitôt de
faire brillante figure aux yeux de l'Europe. N'en soyons
que plus reconnaissants à ceux qui nous ont édifié
jadis une pareille fortune : même à travers les boulever-
sements de notre Histoire, trois Révolutions, une demi-
douzaine de changements de régime, il reste encore
quelque chose aujourd'hui de cette œuvre des aïeux.
Ce n'est pas en vain que, malgré la différence des époques et le développement des questions économiques,
après tant de théories nouvelles et d' « expériences »
plus ou moins heureuses, tel homme politique de la
troisième République, en temps de péril national, a
encore invoqué la mémoire d'un ministre d'ancien ré-

gime, de Colbert, pour ce labeur et cette méthode dont il a donné le modèle dans la réglementation de notre industrie. On est plus porté à rendre hommage aux grandes figures d'autrefois, quand l'angoisse du danger pressant rend moins timide envers les préjugés en cours, quand on partage un peu moins cette crainte de « retarder », de n'être pas de son temps, — cette crainte du ridicule dont nous disions qu'elle a fait commettre bien des sottises : quand, en un mot, l'on se décide à chercher les bons exemples d'organisation et de discipline nationale là où on les trouve : fût-ce au temps de Napoléon ou de Colbert, fût-ce même dans ce moyenâgeux Empire allemand, pourtant si moderne, — ce qui ne va pas sans quelque humiliation pour une démocratie qui marche « en tête du progrès ».

Mais d'autre part — comme on l'a pu constater — nous ne nous aveuglons pas sur les défauts de cette vieille société française, sur sa caducité dès le temps de sa splendeur. C'est en pleine apogée, l'astre de Louis XIV jetant tout son éclat, que se dessinent, si l'on y regarde bien, les premières ombres de la décadence : non pas seulement l'ombre des premiers revers, l'ombre grandissante des misères du peuple, des guerres ajoutées aux guerres ; mais cette inquiétude qu'inspire aux cœurs sincères, qui savent échapper à l'éblouissement de Versailles, le spectacle d'une oisiveté luxueuse, d'une vaniteuse inconscience, préludant à la frivolité du lendemain. Voilà le nuage d'ignorance — ou d'insouciance — qui insensiblement va se répandre dans le milieu français le plus affiné comme aussi le plus influent, le mieux averti naguère des affaires de l'État ainsi que des choses du dehors — et qui, tout en perdant le sens sérieux des réalités, reste proche du pouvoir. Il avoisine un roi dont la volonté n'a pas fléchi, des ministres qui succombent sous leur tâche et qu'effraye le poids d'une responsabilité si lourde, devant le gouffre qui se creuse mais qu'il est de bon ton de ne pas voir. Vienne un souverain plus faible, moins scrupuleux dans son « métier de roi », et la dissolution commence : dissolution du régime, et aussi de la puissance française ; car cette politique de cour, avec ses intrigues, ses partis pris, sa jactance, engendre alors à l'extérieur toutes les imprudences d'une politique d'illusion.

Ainsi, à la faveur de la monarchie absolue, s'est constituée autour du pouvoir central une haute société qui contribue d'abord, par sa belle tenue, à la majesté de ce pouvoir ; une société qui concentre naturellement les énergies de la pensée française, ses efforts vers une discipline intellectuelle et morale; enfin, qui exprime ce besoin d'ordre et d'harmonie dont s'honore la maturité classique de la France. Et la même société, véritable élite de l'État monarchique, tend à n'être plus, vers le début du siècle suivant, que l'aristocratie du luxe et des plaisirs. Observons bien cette évolution : elle nous intéresse, car elle seule nous instruira ; l'expliquer, c'est faire de l'Histoire : un simple exposé n'en serait pas. Il ne s'agit point, en effet, de faire admirer l'idéal classique, auquel nous devons pourtant une œuvre si admirable — qui est la grandeur de la France de ce temps-là ; il s'agit de le faire comprendre, de montrer comment il est né, s'est épanoui, s'est altéré par suite de certains excès dont il portait peut-être le germe en lui-même. Autrement dit, comme on voit évoluer un être vivant, étudions de même la destinée de ces choses vivantes, les idées. Elles naissent, se transforment et s'oublient dans des cerveaux humains ; elles y sont mêlées aux actes de la volonté, elles prennent part à toutes les aventures de l'action ; elles en subissent l'influence, et l'influencent à leur tour. Ainsi l'idéal classique est un produit de son époque et inversement cette époque est devenue elle-même, à certains égards, un produit de l'idéal classique. Je ne saurais mieux exprimer ces rapports mutuels de l'Idée avec le milieu qui la fait naître et qu'ensuite elle forme plus ou moins à son image.

L'œuvre qui reste : la méthode classique.

Au dix-septième siècle, une véritable discipline intellectuelle consciente, voulue, raisonnable (ou tout au moins le souci de s'en donner une) préside aux œuvres littéraires, à l'éducation même, à la vie mondaine, et à l'activité organisatrice des hommes d'État. Comme on trouve chez Descartes un code de la logique et chez Boileau un code du bon sens, les salons de leur côté, à travers les exagérations de la mode, se préoccupent des règles du bon ton ; et le grand roi lui-même cherche — pardon ! croit posséder

— la bonne Méthode d'administrer son royaume.

La voilà bien, l'étroite corrélation de la vie intellectuelle et de la vie politique, de la Littérature et de l'Histoire : à condition de ne pas entendre par Littérature la forme seule des œuvres littéraires, mais la conception qui y préside! Quoi de plus instructif que cette interprétation vivante, appliquée au siècle de Louis XIV ? Une élite, et non point la masse confuse d'un « grand public », une élite qui a le temps de réfléchir et qui dispose d'une certaine autorité — car elle ne dépend que d'elle-même et du grand roi — s'adonne passionnément aux problèmes de l'esprit : non pas en dilettante, mais pour en tirer des préceptes de direction morale : or, cette élite, par son prestige en France, et par le prestige de la France en Europe, exerce l'hégémonie spirituelle sur son temps.

Il est difficile de concevoir un plus prodigieux effort de pensée dans l'éducation de soi-même — considéré comme le type d'une humanité supérieure, qu'on ne perfectionnera que par les bons usages, à force d'expérience et de réflexion. L'Allemagne seule, parmi les nations modernes, a donné un autre exemple d'un pareil effort, par l'œuvre patiente de ses philosophes et de ses savants : elle l'a recommencée contre nous, notre ancienne tentative, avec un développement pratique et une ampleur de moyens toute moderne, mais en revanche avec infiniment moins de finesse et de pénétration psychologique : avec plus de documents, plus de savoir, et pourtant avec moins d'expérience profonde de l'esprit humain. L'homme supérieur — n'en doutons pas, quels qu'aient pu être les succès matériels d'une Allemagne aussi renseignée qu'outillée — l'homme supérieur n'est pas le « surhomme » outrecuidant du Germanisme, mais plutôt l' « honnête homme » selon les leçons de notre « grand siècle » : καλοκἀγαθος, disaient les Grecs en un sens analogue, eux, les initiateurs de l'idéal classique ; oui, d'abord bien élevé — ce qui ne nuit pas, — ferme avec aisance, aimable sans faiblesse, psychologue averti, perspicace, n'étant dupe ni des autres ni de lui-même ; enfin, informé du savoir de son époque, et y ajoutant les ressources de son propre jugement. Imaginez cet ensemble de qualités dans un cadre plus moderne et vous aurez une idée des services qu'elles nous rendraient encore, vous comprendrez mieux l'avantage d'une éducation classique, et la supériorité de talent que nous lui devons toujours. Et nous la garderons — quelques-uns du moins parmi nous — aussi longtemps que dans notre monde actuel, envahi de vulgarisation machinale et de « culture » superficielle, il restera des esprits assez exercés, assez réfléchis, assez bons juges pour apprécier la valeur d'une œuvre bien pensée, bien ordonnée, et même bien écrite — encore une tradition qui s'en va...

Croyez-le : on eût douté un peu moins de ce génie français — fruit d'une longue patience de nos pères — si depuis quelques générations on l'avait mieux pratiqué. Et certains — ceux qui se croyaient les plus avancés — se seraient inclinés moins bas devant la colossale puissance des parvenus du pays voisin, s'ils s'étaient sentis toujours en possession de cette vraie culture, de cette distinction d'esprit, qui fit jadis l'autorité intellectuelle de la grande nation. Mais quoi ! l'on se néglige : on déserte ses traditions les plus sûres, les plus sages, on désapprend la méthode du beau langage clair, pour une idéologie qui peu à peu s'embrume de toute la métaphysique d'outre-Rhin : et cette philosophie, où les volontés allemandes s'enivrent d'un délire ambitieux, ne nous sert qu'à penser trouble, à penser faux, en la timidité de notre raison obscurcie. Et l'on s'étonne de se sentir devancé sans cesse, de savoir trop tard et de ne plus oser !

Voulez-vous voir clair ? exercez votre esprit par une éducation sérieuse, ne le gaspillez pas, ne l'amusez pas trop, ne vous donnez pas trop vite l'illusion de tout comprendre ; rapprenez, en quelque sorte, les vieilles qualités françaises : on ne les possède point du seul fait de naître en France ; ou peut-être les a-t-on tout de même, noble héritage d'un exceptionnel passé, mais encore faut-il, longuement, très longuement, les préparer au travail que l'on attend d'elles, dans la complexité de ce monde moderne : ne soyons pas dupes d'une facilité présomptueuse... Le temps n'est plus où une élite d' « honnêtes gens », avec quelques bons ministres et une armée de mercenaires, pouvait tenir en respect toute l'Europe. Cette simple remarque, qui souligne le rôle éminent de nos aïeux pour leur époque, le réduit d'autre part à ses justes limites — par rapport à la nôtre. Rendons justice à l'œuvre du passé, ne nous l'exagérons pas : c'est dire qu'il faut la comprendre en fonction d'un ordre de choses, qui est le monde d'alors. Que représente l'idéal classique de notre grand siècle, idéal réalisé alors dans l'ensemble de nos mœurs, de nos institutions, de notre Histoire ? Une œuvre de génie pour son temps. Rien de moins, rien de plus — au point de vue relatif qui est celui de l'expérience, ou de l'impartiale vérité. Eh quoi ! dira-t-on, ce serait tout le mérite de ces fameux classiques, pour qui à l'instant même vous ne trouviez pas assez de louanges : le mérite d'avoir merveilleusement présidé, avec une rare distinction d'esprit et de manières, à un certain état des choses et des connaissances humaines — que vous jugez aujourd'hui « dépassé » ou en tous cas qui ne renaîtra plus ! Pourquoi revenir sur ce passé bien mort, lui demander une leçon qui ne saurait suffire aux exigences du présent ? Qu'en reste t-il, de ce classicisme à l'usage des gens du monde — d'un monde oublié, aboli ? Ce qu'il en reste ? mais rien de moins que le principe et la condition même de tout progrès : une discipline intellectuelle... qu'il ne vous a manqué que d'appliquer à des sujets plus divers, à l'intelligence de l'Europe nouvelle, à une science élargie, et — comme le dix-septième siècle — à la domination spirituelle de votre temps, pour maintenir la France aussi clairvoyante, aussi forte, aussi respectée entre les nations.

Les altérations : l'abus de la rhétorique, des raffinements subtils, des vanités mondaines. Considérations sur le tempérament français.

Mais enfin, cette belle société si brillante a déchu peu à peu. Ne faut-il en accuser que la corruption des mœurs, un mal qui serait venu on ne sait d'où, peut-être par un effet de l'âge, quand la volonté décline et s'abandonne, quand se relâchent les milieux les plus policés ? Ou bien est-ce une politique épuisante, ou la fatalité des coalitions contre notre patrie trop heureuse et enviée (encore le destin, le malheur des temps[1]), qui aurait usé les ressorts de l'énergie française ? Demandons-nous plutôt — sans diminuer la part des événements et des causes extérieures — comment

---

1. On a trop abusé, par un « matérialisme » mal entendu, de ce fatalisme paresseux qui méconnaît l'importance des causes intellectuelles, c'est-à-dire le rôle des esprits et des volontés humaines dans la « mécanique » de l'Histoire. Une telle illusion tendait déjà, avant la guerre, à décourager notre énergie nationale, à nous désarmer devant la « fatalité » de la puissance « économique » allemande, où l'on méconnaissait ainsi la part de l'organisation, de la discipline, de l'éducation publique : à moins qu'on ne se doutât de ce formidable effort... mais en le mettant sur le compte de la même fatalité — prétexte des volontés faibles — afin de s'excuser soi-même de ne pas en faire autant. Et ensuite, dans la conduite de la guerre, lorsque ce négligent laisser-aller fut devenu de l'optimisme après le bel élan d'une victoire, on compta trop sur la supériorité « matérielle » de nos ressources, en négligeant la Science de les organiser. (Cf. notre ouvrage *le Sens des Réalités, sagesse des États*, et particulièrement le chapitre intitulé : « Des causes économiques et des causes intellectuelles », paru d'abord dans *le Mercure de France* du 1ᵉʳ mai 1917.)

cette énergie française a pu se laisser affaiblir, ou seulement s'illusionner, hors des réalités de l'action, par le jeu des vanités mondaines... sinon même s'égarer déjà vers les utopies. Serait-ce que l'éducation de ces volontés, de ces esprits, les aurait prédisposés à quelques-unes de ces déformations que plus tard le temps accuse quand vient la lassitude, et qui font soudain vieillir et passer de mode l'idéal même d'une pareille époque, tout comme l'usage des perruques et les « grands airs » de Versailles? Faut-il admettre que l'idéal classique, avec tous ses éléments de sagesse, laissait place à des exagérations qui le mettaient en péril et ont abouti à le contredire? ou plutôt qu'il s'était trop peu dégagé encore, chez quelques-uns de ses législateurs les plus réputés, des éternels principes de l'erreur humaine? En ce cas, quel enseignement riche de sens, riche de vie permanente pour nous autres modernes, nous offre toujours la contemplation de ce grand siècle : édifiant par le haut exemple, unique dans notre Histoire, d'une discipline intellectuelle réalisant la grandeur française; mais non moins instructif par ses défauts où se révèle peut-être — oui, en pleine apogée — le germe de tous les nôtres... D'ailleurs — avant de parler de celui qui nous distingue le plus, de cet amour-propre si subtilement raisonneur qui s'est développé avec les rhéteurs classiques et est devenu le principe de nos illusions — n'est-il pas commun de rencontrer dans les milieux humains même les plus raisonnables, à côté de tant de bon sens, la tentation perpétuelle d'en manquer?

N'oublions pas, en effet, que ce bon sens est un sentiment de la juste mesure — je ne dis pas « du juste milieu », car il n'en faut point faire un synonyme de la prudence bourgeoise; non, j'entends par là qu'il doit être, autant que possible, à l'exacte mesure du réel. Or l'imagination travaille, stimulée par le besoin d'explication — même à défaut d'expérience : la voici qui aide la raison, péremptoire, à ériger des principes, à inventer des lois, qui ne sont pas toujours les lois naturelles; elle veut, elle ose, elle affirme : ce n'est pas autre chose que son bon plaisir, mais elle ne s'en doute pas, ou elle feint de croire, elle se fait illusion; et voilà des dogmes et des préceptes, une philosophie et une morale. D'autre part, le danger contraire est aussi possible ; au lieu d'imposer ses décrets au réel avec l'aveugle violence d'une forte volonté, on affecte de suivre en sa propre personne les conseils de la nature, de n'admettre pour règle de conduite que l'impulsion spontanée de ses désirs : c'est la revanche de l'instinct mais singulièrement déformé par je ne sais quel parti pris de s'avilir.

L'un et l'autre excès ne sont pas rares aux époques de civilisation intense; il semble même qu'ils s'appellent mutuellement. Les esprits dogmatiques, qui se flattent — avec un peu trop d'à priori — de réglementer la nature humaine en imposant silence aux passions, aux appétits, provoquent, non loin de là, une réaction plus ou moins sournoise de ces mêmes désirs dont ils ont fait si bon marché : trop de rigorisme prépare les voies au libertinage... Peut-on nier que le

« grand siècle » faisait courir un tel risque à la société française, justement par cet excès de grandeur un peu affectée, par cette hauteur de ton que l'on a tant de peine à soutenir, par cette hautaine rhétorique du Devoir (déjà l'abus des grands mots, en attendant celui des discours), enfin, par ce raffinement de langage, d'élégance morale et de Vertu, singulier mélange de distinction gracieuse et d'un insupportable pédantisme mondain ? Étonnez-vous après cela que les libertins — ces épicuriens de la libre pensée — avec leurs mœurs dissolues et leurs fantaisies sacrilèges, aient exercé un tel attrait de prosélytisme sur des esprits indépendants, grands seigneurs comme Condé[1] ou artistes comme Molière, tempéraments vigoureux, excédés de tant d'artifice! Que voulez-vous! Jamais la moralité publique n'est plus accessible à la tentation de dérèglement, que lorsqu'une morale trop tendue s'efforce de la brider : c'est ici qu'il faut de la mesure et du bon sens. Or, dans certaines tragédies du dix-septième siècle, on avait trop aimé l'abstraction ; dans certains romans tendres, dans certaine « chambre bleue », on avait mis trop de raffinement et de préciosité, en sa conception du Beau et du Bien. Exagération d'une louable tendance à embellir et ennoblir la vie : exagération tout de même... Des contemporains ont bien senti les ridicules de ce monde compassé, et se sont délassés dans le dévergondage. A

1. avant sa conversion, qui se produisit sur le tard — comme il arrive d'ordinaire quand les passions s'affaiblissent : ce qui n'est pas toujours le cas, témoin La Fontaine...

force de prendre cette voix de tête et ces airs de théâtre pour s'adresser en sa propre personne à une humanité supérieure, on ne trouve plus de public digne de soi ; c'était déjà le cas des Précieuses... et de son côté le commun des mortels, un peu étourdi par ce beau monde, retourne sans vergogne à l'assouvissement de ses chers instincts.

Phénomène de réaction nerveuse, pourrait-on dire, détente assez explicable dans un milieu qui se discipline et se civilise... La France l'a éprouvée plus d'une fois, cette velléité de rechute vers le règne élémentaire de l'instinct, cette revanche passagère d'une sensualité anarchique et quelque peu animale : après un si long effort pour se dompter soi-même, de tels réveils n'en sont que plus à craindre. C'est un peu comme la dissipation de la Régence après l'artificielle contrainte des dernières années du grand roi ; et puis, de plus en plus, c'est l'aristocratie, c'est ce milieu d'élection du classicisme, qui se corrompt et se discrédite elle-même, employant à sa débauche tout l'art subtil qu'elle a reçu de son éducation ; alors, un jour, c'est la Révolution, symbole des revendications de cette « bonne nature » humaine trop longtemps « asservie » (on reconnaît l'idéologie de Rousseau); en fait, c'est la foule se ruant à l'assaut de Versailles et du Louvre, donc du pouvoir ; c'est le peuple qui veut « vivre sa vie » — comme on dirait de nos jours — hors des règles d'une société qui s'est rendue indigne et incapable de les maintenir ; en un mot, c'est un peu de l'idéal classique qui s'en va... Il aura du mal à jamais renaître en France. Et quoi qu'aient dit depuis lors les démagogues, quoi qu'ils proclament encore, leur régime tendra toujours à devenir, dans la mesure où l'on n'y met pas bon ordre, la revanche des appétits impulsifs sur la sagesse de la raison.

Que conclure ? Toute société est-elle condamnée, au sortir de l'état barbare ou du stade médiéval, à cette oscillation instable entre la discipline et l'anarchie : celle-ci devant l'emporter par le fait d'une lassitude qui suit l'effort classique ? faut-il y voir une loi de la nature ? Nous retombons alors à la théorie fataliste d'une décadence inévitable après toute brillante période d'énergie. Et les exemples traditionnels nous reviennent en mémoire : Athènes après le siècle de Périclès, Rome après celui d'Auguste, notre « grande nation » après celui de son « grand roi »... Ne serait-ce point la faute de toute civilisation, de toute culture intellectuelle qui impose un trop noble idéal à la nature humaine pour que ce beau rêve puisse durer longtemps ? Eh bien ! en ce cas, rapprochons-le du réel, notre idéal d'humanité, pour qu'il dure davantage. Ayons moins d'optimisme insouciant, d'éclectique nonchalance, que n'en eut Athènes; gardons-nous du relâchement des mœurs et de l'énergie, mieux que Rome ne sut le faire sous les Césars; mettons moins de convention et d'artifice en notre conception de l'homme idéal : car tel est notre défaut, qui sent un peu le rhéteur. Et si l'on s'est lassé du type classique (dont ce n'était du reste qu'une déformation), s'il est lui-même tombé si vite en décadence, s'il nous paraît surtout — à distance — si froid et si désuet, si incapable de renaître : cela prouve que les fictions les plus hautaines de notre passé ne valaient guère mieux, pratiquement, que les plus indulgentes illusions de notre politique présente ; que rien ne vaut, pour le bonheur des individus et des sociétés, la connaissance patiente du monde réel, avec l'art de s'y adapter ou la science de s'en servir : en résumé, ce réalisme qu'avaient entrevu finement nos vrais classiques, et qu'ensuite l'Allemagne, avec son intelligence mystique et confuse, s'efforce d'appliquer brutalement dans le monde moderne. Observer pour savoir, et savoir pour agir avec méthode ; en un mot : du labeur, avec le sens des réalités, pourquoi chercher un autre idéal ? Celui-là ne comporte ni artifice ni désillusion.

1re **Période : le classicisme de la « raison »... ou de la volonté. Il durera autant que l'énergie du régime.**

Et maintenant, entrons plus familièrement dans le détail du « grand siècle », sans nous laisser éblouir par une fausse grandeur, sans perdre de vue non plus celle de la France d'alors, qui suppose une réelle dignité de l'esprit français. Ce qui apparaît tout d'abord, chez les premiers écrivains de l'époque, qu'on ose à peine nommer des intellectuels (tellement le mot a changé de sens), c'est l'intention, la volonté de se poser en législateurs, de se hausser moralement, par la noblesse du ton, par la distinction des propos, par ce qu'on est convenu d'appeler la bonne tenue littéraire, à une place éminente d'où ils endoctrineront le monde de leur temps : je vous répète que, plus ou moins consciemment, ce sont des orateurs.

On sort à peine de la Renaissance — qui a brillé plutôt par un abus de la fantaisie gracieuse, fleurie, que de la discipline austère; on sort aussi, il est vrai, de la Réforme — ou plutôt l'on y est encore, et la Réforme ne badine pas avec l'éducation morale de l'humanité. En tous cas, le rêve d'une vie belle et aimable à l'aube du temps nouveau, ce doux poème rapporté d'Italie par nos chevaliers glorieux, s'achève dans une note plus rude, en cet âge si brillant et si tourmenté. Charmant laisser-aller des imaginations italiennes, harmonieuse élégance d'un classicisme rajeuni, et d'autre part labeur patient des humanistes, et cet étrange renouveau de ferveur religieuse, dans la méditation d'un Calvin, dans les diatribes de Luther : comme on reconnaît bien à ce contraste une époque de transition, une crise profonde de l'esprit ! Vivre en beauté, c'est le cas de le dire, ou du moins y prétendre par les formes d'art les plus souples, les plus variées, et dans le même temps ne voir autour de soi qu'intrigue et que ruse, que violence et ambition conquérante, que fanatisme et luttes civiles : tel est le sort commun, au siècle [1] des Médicis [2]; car n'est-il pas aussi le siècle de Machiavel, des guerres d'Italie et de Charles-Quint, puis de la Saint-Barthélemy et encore

1. comprenant, si l'on veut, la fin du quinzième et une bonne partie du seizième siècle.

2. parmi lesquels, entre autres, l'illustre pape Léon X.

de l'Inquisition, pour ne point parler de l'œuvre naissante du Luthéranisme prussien, et de certain massacre de paysans avec l'approbation du bon Réformateur ?

Enfin, après des années de guerre contre l'Europe [1], ou plutôt contre une menace d'hégémonie sur l'Europe, après de nouvelles années de guerre intestine [2], le huguenot Henri IV, cet habile Béarnais, eut la bonne fortune — et la bonne politique — de devenir catholique et roi de France. C'était, sinon l'union sacrée, du moins le prélude d'un apaisement que Richelieu saura parfaire par les moyens violents. Tout cela, on le voit, suppose autre chose que l'aimable dispersion de la Renaissance italienne : une suite d'efforts assez continus pour produire l'unité de la grande nation. Or, au sortir d'une telle période de genèse intense, de fermentation intellectuelle et morale, pour retrouver l'équilibre avec une intelligence épanouie, ne faut-il pas autant de volonté que de ce qu'on nomme couramment l'esprit ? Cet harmonieux assemblage n'est autre que la raison classique.

Elle collabore, cette raison, de toute sa jeune énergie, à l'œuvre mesurée de nos hommes d'État, elle la prépare. On y sent bien un peu de froideur, dès ses premiers essais, une froideur voulue, qu'on s'impose à soi-même pour une plus sûre maîtrise de sa pensée. Car on met au-dessus de tout le souci d'une discipline,

1. sous François Ier et Henri II.
2. sous Charles IX et Henri III.

comme si l'on y voyait une convenance supérieure à la fantaisie capricieuse. S'il y a quelque raideur à se surveiller de la sorte, songez qu'elle est aussi une façon de se grandir, en se défendant des attitudes nonchalantes, où s'est complue trop longtemps l'imagination des poètes[1]. Qu'ils apportent plus de décence et de netteté dans le langage, plus de discipline dans leur art, ainsi qu'un bon roi qui établit l'ordre en son État trop longtemps menacé d'anarchie! Aussi, comment Malherbe n'admirerait-il pas l'œuvre naissante de la royauté française, pour les mêmes qualités qu'il recommande justement à la poésie? Il se sent d'autant mieux le prince des poètes qu'il est aussi le poète du prince : il l'est, il veut l'être — que celui-ci ait nom Henri IV ou Louis XIII, — car ce nom symbolise à ses yeux, pour la société française, un idéal de vie réglée, harmonieuse, qu'il traduit à sa façon dans le rythme étudié de ses strophes savantes.

Jusqu'ici, en principe, rien que de robuste et de raisonnable, et d'excellent pour la santé de l'esprit français. A coup sûr, les strophes empesées de Malherbe pourraient sans inconvénient s'assouplir : sans inconvénient pour la poésie, mais non pas pour la fermeté du style, du moins à cette époque de flottement — si l'on peut dire — où il importe de fixer notre langue. Les idées se précisent, coulées dans des termes précis. C'est une œuvre de grammairien plus que de

---

1. pour ne pas parler du nonchalant scepticisme de Montaigne.

poète, Malherbe en a conscience, et il s'y applique de toute sa pensée : tant pis pour ceux qui rêveraient de voir la poésie folâtrer à travers la nature, avant qu'elle apprît à marcher droit sur un chemin bien tracé.

Seulement, il ne s'agit encore que de la forme, de cet instrument qu'est le langage : ici, on se met facilement d'accord sur l'opportunité d'une réforme préalable, d'une épuration qui le clarifie; aussi la gloire d'un Malherbe écrivain — sinon poète — est-elle presque incontestée. Nous en pourrions dire autant de tous ces législateurs qui poursuivent l'œuvre d'assainissement en des codes que l'on nomme grammaires ou dictionnaires, véritables sommes de l'expérience des bons auteurs : car leur effort pour discipliner la langue n'est pas forcément arbitraire; l'art de bien parler s'apprend, il n'est autre que celui de se faire comprendre, donc d'employer les mots dans un sens bien défini. Ce sens n'a rien d'à priori, il est affaire de convention usuelle; dès lors, consultons l'usage, lui seul est maître: vous voyez bien que c'est une question d'expérience... Toutefois cet usage, comme toute coutume, a besoin d'être fixé parfois, pour éviter les abus, les confusions; c'est ici qu'apparaît le discernement, la finesse du grammairien tel que Vaugelas ou le Père Bouhours. Et voilà de plus en plus, avec mesure et dignité, sans excès de prétention, un progrès réfléchi vers la discipline et la clarté de l'expression, donc de l'esprit lui-même.

Doit-on s'étonner qu'un gouvernement soucieux de

réglementation et de contrôle, comme l'était celui de Richelieu, ait pris l'initiative d'intervenir en cette entreprise, ne fût-ce que pour mieux assurer son autorité sur les maîtres de la pensée française ? La fondation de l'Académie, à l'instigation de l'habile ministre, n'est pas un de ses moindres titres à la gloire d'homme d'État : celui-là sut prouver, en psychologue pénétrant, que le sens pratique n'exclut nullement la hauteur de vues ; il aperçut — ô prodige trop rare chez nos gouvernants ! — l'intérêt qu'une œuvre intellectuelle bien conduite et sérieuse peut offrir dans un État. Pour lui, il n'est plus question seulement de protéger les arts comme firent un Laurent de Médicis, un Léon X, mais de tenir à sa disposition les hommes les plus compétents en fait de bon langage et de belles-lettres. On ne saurait trop admirer cette clairvoyance... sans en oublier d'ailleurs l'autre motif bien humain, cet ombrageux orgueil qui le portait à centraliser en lui-même tous les pouvoirs, avec l'illusion de tous les talents : qu'on se rappelle son rôle dans la mesquine querelle qu'il fit intenter au *Cid* comme un rival jaloux.

**Où ce classicisme est raisonnable, moral, humain ;
où il est abstrait, tendu, déclamatoire.**

C'est que déjà il ne s'agit plus d'une simple affaire de mots, donc d'usage et de bon sens : la forme d'art est en jeu ; on veut décider, non sans à priorisme, ce que doit être l'idéale tragédie, et l'on fait intervenir, pour juger Corneille, des principes quelque peu philosophiques qu'il a eu lui-même la superstition d'aller redemander au Grec Aristote. Touchante vénération pour les Anciens : ce respect des « règles » est en effet classique, c'est-à-dire de toute époque où l'on a le souci de la méthode dans l'art. Encore faut-il que le bon sens, et non un pédantisme quelconque, préside à l'élaboration de ce code si nuancé, si délicat. Ici apparaît malheureusement, dans le champ immatériel de la théorie, cette excessive tendance à l'abstraction, dont notre première génération classique ne parviendra pas à se départir.

On s'en aperçoit déjà — et depuis quelque temps — même dans ce domaine du langage, dont nous disions justement qu'il était assez naturel d'y prendre pour règle un principe d'expérience, l'usage, et de le bien définir. Sans doute : mais le langage, le beau langage, suppose une sorte de choix, qui a nom le bon goût; et cela ne va pas sans un certain idéal que l'on se forme, avec plus ou moins de bon sens, au sujet de l'art du bien-parler. Or il ne se sépare guère de l'art de vivre en bonne société, et de se montrer digne, par le ton que l'on adopte, du titre d'homme du monde. Ici la mode intervient, et avec elle l'affectation. On tient, dans certains salons, à la réputation de n'user que d'un langage choisi; en parlant avec distinction l'on se distingue : principe acceptable, mais qu'on exagère; et l'on s'étudie tellement à ne point parler comme tout le monde, qu'à la fin on ne parle plus comme personne. C'est le cas des « Précieuses », et tout leur dédain du commun ne parvient pas à les préserver du ridicule : bien au contraire.

Une telle exagération est étroitement liée aux débuts de notre classicisme; elle menace d'en altérer l'excellent principe. On y sent trop l'intention de se guinder—dans son langage et aussi dans son attitude —sous prétexte de réglementer l'usage et d'organiser strictement une vie de société. D'ailleurs, dans l'idéal « précieux » de cette haute société française, tout n'est pas exclusivement français; tout n'y est pas classique non plus, tant s'en faut. Il régnait chez nous, depuis quelque temps, une certaine tendance — moins raisonnable qu'imaginative — à un genre chevaleresque en littérature, ainsi que dans les relations mondaines : et ce n'était pas seulement un lointain vestige des croisades ou un résultat récent des plus ou moins brillantes équipées d'Italie — de Charles VIII à notre dernier « roi chevalier ». Il y avait là, tout de même, un souvenir de cette époque mouvementée, et de nos multiples contacts avec la Renaissance latine, avec l'Italie et l'Espagne en pleine activité, en pleine floraison d'art : c'est bien l'imagination italienne qui nous a inspiré, jusqu'au cœur de la période classique, un tel goût du tendre et du raffiné en littérature, de la subtilité dans l'amour; et n'est-ce pas de même l'influence portugaise ou espagnole qui a communiqué à nos beaux esprits, à nos seigneurs, cet élan romanesque, si frappant dans *le Cid*, œuvre d'un raisonneur comme Corneille, et chez toute cette génération turbulente de futurs Frondeurs, qui avait commencé par donner tant de mal à Richelieu ? Tension excessive des volontés ; style maniéré jusque dans les entretiens bucoliques de ce roman de *l'Astrée*, si faussement pastoral ; surenchères de politesse dans la chambre bleue d'Artémis et dans les « ruelles » à la mode, où officie ce « précieux » de Voiture, trop fin pour ne point railler un peu ; enfin, chez Corneille, cette rhétorique compliquée de la passion, détaillant ses arguties dans ses débats avec le Devoir, qui de son côté atteint parfois des hauteurs d'abstraction vertigineuses : ce n'est évidemment pas le triomphe de la simplicité.

Corneille : raison et rhétorique.

Et pourtant, on aperçoit à travers cette diversité, à travers la complication de ces individualités ardentes, une volonté si résolue vers je ne sais quoi de haut et de grand, qu'il s'en dégage, dans l'ensemble, une rare impression d'énergie morale, quelle que soit souvent, dans le détail, l'âpreté peu scrupuleuse de ces ambitions. Cet intrigant « arriviste » de cardinal de Retz, et ce condottiere de génie qui a nom le grand Condé, sont — ne l'oublions pas — à peu près contemporains de Corneille. Et cela donne à penser que dans le succès du poète tragique il y avait plus d'admiration pour le ton d'audacieuse fierté que de désir sincère d'égaler tant de Vertu : le contraire surprendrait, de la part d'un public même raffiné d'honneur ; n'idéalisons pas trop, sur la foi de quelques beaux exemples et de splendides manifestations verbales, la vie et les mœurs d'un temps. D'ailleurs, si nous nous reportons au réel succès du *Cid*, nous constatons qu'il a intéressé surtout par son allure romanesque qui convenait si bien à cette époque de noble galanterie. Cela n'empêche que l'on ait crié à l'immoralité, au scandale, devant ce débordement de passion juvénile qu'un poète osait mettre en .scène au mépris de la retenue — ou, comme on voudra, de l'hypocrisie mondaine. Mais combien ce défaut a paru charmant aux femmes — surtout avec cette nuance d'exagération ! Ne voyons donc pas tout à fait en ce succès spontané une revanche du naturel; il y a tant d'artifice encore dans les données du sujet, dans le choix des personnages, qu'adorait si spirituellement Jules Lemaître : un noble vieillard qui incarne le code d'honneur du temps passé; et le bon roi et la tendre infante; et surtout le « jeune premier » de ce monde de chevalerie ! En somme, malgré deux duels, un récit de bataille et une mort violente, presque indispensable au genre tragique, c'est un peu la vie en rose — si j'ose dire — dans l'austère domaine du Devoir.

Notre Corneille n'a-t-il pas mis encore plus d'abstraction oratoire dans la vertu romaine d'un Horace? Cela ressemble à un défaut si français!... Horace, avec son intransigeante vertu, n'est-il pas resté pour nos pères, en ce pays de rhétorique un peu théâtrale, le type « classique » autant qu'irréel du pur « citoyen idéal » ? type renouvelé, amplifié par l'idéologie humanitaire du dix-huitième siècle, lorsqu'il fut question de nouveaux devoirs envers l'Humanité et la Patrie... Que d'antique vertu romaine vue à travers Corneille et traduite dans le style des « immortels principes » de 89, que de réminiscences de notre grand rhéteur classique dans les tirades d'un Danton ou de « l'Incorruptible » Robespierre ! Que d'affectation encore, dans le retour à la « simplicité » des modes romaines; sous le Directoire et l'Empire... Du moins, on ne déclamait plus guère que sur la scène : c'était le métier de Talma, et il s'en acquittait à merveille; pour le reste, Bonaparte agissait — non sans quelques belles tirades (car il connaissait son public) — mais enfin il savait agir... En revanche, après la chute du « tyran », après deux autres Révolutions encore, quand l' « éloquence politique » eut pris tout son essor [1], et que les Immortels Principes parurent appelés à reprendre dans l'univers, par des voies désormais « pacifiques », leur expansion interrompue : alors, surtout sous la troisième République, que de discours cornéliens à la Cinna, que d'appels à la pure Vertu républicaine, et (qui plus est) quel désintéressement chevaleresque — en pleine guerre — au nom de notre Patrie elle-même dont le destin ne saurait être que de se sacrifier abstraitement « pour le Droit et pour la Justice »... Ce n'est pas pour accuser notre honnête Corneille, fort innocent, bien en-

---

1. Quel goût cornélien pour une politique raisonneuse et pour la rhétorique de tribune, pour le pathos oratoire, chez un prodigieux déclamateur comme Hugo ! On aperçoit ici le défaut commun — parce qu'assez français — à certains de nos classiques et à notre romantisme ultérieur.

tendu, des exagérations plus ou moins sincères de quelques démagogues improvisés « hommes d'État » plus d'un siècle après sa mort. La haute leçon qu'a propagée son théâtre et que son nom symbolise — cet idéal cornélien du Devoir —, a eu d'ailleurs d'autres effets moins oratoires et vraiment moralisateurs : comme l'ont prouvé sans le savoir tant de héros stoïques de la « Grande Guerre »... Il reste pourtant que la pure Vertu, proposée comme principe des actions humaines, prête aussi bien à la fausse emphase des démagogues, qu'à l'enthousiasme des cœurs naturellement portés aux grandes actions. En un mot, ne nous en remettons jamais à des rhéteurs — si sublimes soient-ils comme prédicateurs de vertu — du soin de former les esprits, d'apprendre la vie surtout aux âmes généreuses, et de les mettre en garde contre les déclamations des intrigants et des habiles. Il y a toujours eu de belles âmes : mais n'oublions pas que le monde n'est guère cornélien. Sinon, l'héroïsme des uns sera toujours appelé à payer, en fin de compte, pour les « grands mots » des autres, pour leur politique d'épicuriens imprévoyants, pour leur égoïsme féroce dissimulé sous de beaux discours.

Descartes : expérience et métaphysique.

L'humanité valait-elle mieux au temps de Corneille, du moins chez cette société française si éprise de distinction dans les manières et d'élévation dans le langage ? Il est certain en tous cas que la Littérature du temps nous a laissé — à côté de tant de précieux et de pédants, et de cyniques ambitieux habillés en hommes du monde — d'incomparables exemples de raison méditative et de discipline morale. Arrêtons-nous un instant aux plus mémorables, qui sont — avec Corneille — Descartes et le Jansénisme : ici encore nous apercevrons à la fois les causes de la grandeur de l'époque — et l'indication de ce qui lui a manqué.

Quoi de plus lumineux et de plus vrai, en apparence, que le Cartésianisme ? Il se présente avec la rigueur d'une logique infaillible, il rappelle les plans de mécanique universelle des grands esprits de la Renaissance, tels que le physicien Galilée ou Léonard de Vinci. Mais regardons à l'origine du système, et nous ne serons pas surpris de reconnaître en cette œuvre, si abstraite elle aussi (est-ce l'abus de l'abstraction mathématique ?), ce qu'il faut bien nommer une illusion de métaphysicien. En effet, rien de sûr ne semble exister pour lui, que sa propre pensée : *cogito, ergo sum* ; tout le reste est douteux, ne lui étant connu que par ses sens : c'est assez dire qu'il ne s'en remet pas à eux du soin de le renseigner — mais à sa « raison ». Or, les sens, ce sont les instruments de l'expérience ; et la raison, si elle prétend reviser l'expérience — au lieu de la coordonner simplement — exerce une tyrannie usurpée. Mais Descartes, en son « idéalisme absolu », ne trouve-t-il pas une Raison supérieure que la simple expérience ne connaît pas ? ne raisonne-t-il pas d'emblée comme si certaines idées impliquaient d'elles-mêmes l'existence de leur objet, comme si elles étaient preuves de réalité? C'est ainsi qu'il prétend démontrer l'existence de Dieu, par certaine idée que nous en avons — par l'idée d'Infini, notamment, qui ne peut s'appliquer qu'à un être infini. Il est difficile de se contenter de cette argumentation simpliste ; et d'ailleurs, si nous n'avons pas d'autre preuve de l'existence du Très-Haut, que cette notion flottante dans l'esprit, une telle supposition n'est guère honorable pour sa gloire : car combien d'idées métaphysiques naissent en nous — surtout de ces idées vagues — qui ne sont que billevesées sans objet ?

Descartes, bien entendu, ratiocine plus subtilement — car il est homme d'esprit aiguisé — mais sans se dégager de cette simple erreur initiale, qui consiste à intervertir les termes de la connaissance : il paraît alors douter de la seule chose qui soit sûre — la vérité objective (lui qui aimait tant observer), et admettre pour sûr ce qui ne l'est que sous bénéfice d'inventaire : à savoir une idée à priori que s'en fait la « raison ». Ainsi cet excellent logicien, pour être parti d'un principe faux, peut faire un raisonnement de pure absurdité. Veut-il « prouver » que le monde existe — cette réalité qui crève les yeux du vulgaire ? Descartes est philosophe : il croira nécessaire de réfléchir « profondément » que, l'esprit existant, et l'idée d'Infini étant dans cet esprit, donc il est un Dieu et, en conséquence, Dieu ne voulant pas nous tromper, le monde que nous croyons voir existe réellement : nous n'y parvenons pas sans quelque détour... De même, lors-

qu'il s'agit de « prouver » que nous avons un corps —
ce que plus d'un philosophe se demande parfois avec
une inquiétude qui fait douter de son bon sens — il
lui faut d'abord songer à l'âme, qui est pour lui la
première chose certaine, puis, à force de déductions,
il arrivera peut-être à se persuader qu'il est sûr « à
présent » d'être en chair et en os... Tel est le ridicule
de cette manie d'abstraire et de raisonner à priori,
qui — avec celle de quintessencier — a faussé, sans
qu'il y parût d'abord, la base de la sagesse classique.

Sans doute, pour ce qui est de la forme, de la netteté dans l'exposition, et aussi de la clarté dans l'esprit, Descartes est un digne précurseur de Boileau,
avec une sobre précision de style qui est le mérite
propre de cet esprit vraiment algébrique. Et puis,
cette belle raison bien claire est évidemment en progrès sur l'empirisme assez grossier de Gassendi. Descartes est donc à cet égard un maître classique : tel
aussi il apparaît à son temps. Mais, avec toutes ses
qualités de logicien, je crains bien que ce ne soit encore un maître de rhétorique — ou plutôt de disser-
tation dans l'abstrait, un maître à philosopher. Que
n'a-t-on pas discuté dans les salons à propos de la
Physique cartésienne — qui s'appellerait mieux une
métaphysique ? Que n'a-t-on pas été chercher subtilement dans le nuage des « tourbillons » et des infiniment petits, chez cet aimable bas-bleu de Mme de la
Sablière ?

Pascal : bon sens moral et mysticisme.

Ce Cartésianisme, qui invitait l'homme à penser par lui-même et à ne suivre d'autre guide que sa raison, parut d'une excessive hardiesse ; il eut donc l'honneur de grouper contre lui tous les défenseurs de l'ordre établi en matière de religion : en Hollande les protestants, en France les Jésuites ; c'est à peine si Boileau le préserva des foudres du Parlement — après une première condamnation. C'était assez pour recommander cette doctrine à tous les esprits indépendants : aussi son autorité intellectuelle fut-elle immense — ce qui orienta un peu plus les esprits vers l'abstraction ; et si nous y ajoutons, chez une élite, le réel souci de la dignité personnelle et de la discipline morale, nous nous élevons vers les hauteurs quelque peu glaciales du Jansénisme.

Un groupe d'érudits, de bons humanistes, de gens sérieux à tendance ascétique, parvient à exercer une sorte de direction spirituelle sur ce haut monde d'individualités orgueilleuses — à exercer donc, sur la vie intérieure de cette génération, une influence pratique encore plus profonde que celle de Descartes et surtout de Corneille. L'autorité morale que reconnut à ces véritables intellectuels une bonne partie de la société d'alors, est chose bien remarquable. Ils sont des logiciens plutôt que des rhéteurs ; ils savent beaucoup et avec méthode, avec clarté : un Pierre Nicole témoigna d'une rare connaissance de l'antiquité profane ; un Le Maistre de Sacy (il y eut trois de ces Le

Maistre, nom qu'ils portaient si bien) fut un fin lettré, traducteur des classiques latins — ainsi que de la Bible : car le savoir ramenait toujours aux choses religieuses, qui restèrent longtemps la base de toute vie intellectuelle. C'est surtout le « grand Arnauld » qui se spécialisa dans des controverses sur certain point de doctrine un peu abstrait, et dont l'intérêt vivant n'apparaît pas tout d'abord : la question de la Grâce. Disons tout de suite que la morale des Jésuites était en jeu. Cette morale, inspirée d'un certain Molina, paraissait fort relâchée à ces austères Messieurs de Port-Royal, qui se piquaient d'orthodoxie à la suite de saint Augustin, de saint Thomas et des docteurs : ils se mettaient là, certes, en vénérable société... Ils reprochaient en somme aux Jésuites — trop subtils « arrangeurs » de « cas de conscience » — d'affranchir trop aisément la liberté humaine de la tutelle divine, tandis que de leur côté ils persistaient au contraire à courber l'homme, créature si faillible, sous l'autorité absolue d'en haut, sous le bon plaisir de la grâce : ce qui pourtant, à leurs yeux, ne le dispensait pas d'un perpétuel effort. On voit tout ce que comportait d'humilité raisonnable, et en même temps de saine énergie. morale, une telle conception des rapports personnels de l'homme avec Dieu. Elle tenait le juste milieu entre le stoïcisme trop tendu, qui méconnaît la faiblesse humaine, et le scepticisme d'un Montaigne, qui engendre une manière de « lâcheté » railleuse. C'est ce que sut noter, avec une fine intuition, un puissant dialecticien, écrivain de beau tempérament,

Blaise Pascal. Ainsi ce Pascal, ce mondain converti sur le tard à la vie méditative du Jansénisme — qu'il devait secourir (ou compromettre) de toute son ardeur — exprime assez bien, à travers son interprétation mystique, l'idéal de discipline mesurée, ni trop libérale ni trop hautaine, que devait représenter « l'honnête homme » selon Port-Royal.

Mais tout en rendant cet hommage aux intentions, à la morale du plus illustre janséniste, il n'est pas défendu de se demander ce que valait le fond de sa philosophie, sa conception de la réalité. Or, il adopte à cet égard l'attitude de bien des croyants, et de la plupart des métaphysiciens. Qu'est-ce que le monde extérieur ? le saurions-nous vraiment, si l'âme — c'est-à-dire Dieu — n'était là pour nous en certifier l'existence ? Ainsi raisonnait Descartes ; et Pascal, si hostile au cartésianisme en religion, en vient presque à philosopher de même : qu'est-ce que ce bas monde ? soupire-t-il avec un amer dédain ; et en peut-on recevoir aucune espèce de certitude ? Il n'y a de réalité, de connaissance véritable, qu'en l'âme qui pense selon Dieu. Cette attitude du philosophe en face du réel, qui à ses yeux ne se prouve et même ne semble exister que par l'intermédiaire de la pensée ou de l'âme humaine, peut sembler assez étrange aux modestes disciples de l'expérience, pour qui la vérité existe indépendamment de notre esprit, de nos opinions ou de nos croyances, et ne nous arrive que de l'extérieur par nos sens, par observation objective. Si la sagesse consiste à dire à la raison ainsi éclairée, patiente observatrice, qui cherche à constater pour savoir : « Raison infirme, tais-toi, ou ferme les yeux », alors quel moyen garde-t-on de voir clair ? A moins qu'il ne s'agisse de substituer à l'autorité de cette raison expérimentée, éclairée du dehors, une fausse raison éclairée du dedans — si l'on peut dire — par une « lumière intérieure » qui n'est pas toujours l'honnête foi chrétienne de Pascal, mais parfois quelque orgueilleux « pragmatisme » (comme celui des postulats Kantiens) où le philosophe se flatte de donner une vérité à toutes ses fictions. Voilà où peut mener le mysticisme... Un Français du grand siècle comme Pascal se garde naturellement de tels excès d'arbitraire intellectuel imposé à la vérité par-delà toute expérience : il n'en reste pas moins vrai que dans le domaine philosophique l'attitude de ce physicien (Descartes lui-même n'en était-il pas un ?) est, en quelque sorte, d'un raisonneur mystique, qui cherche la Vérité au rebours de la voie normale de l'observation. Il l'imagine, il l'espère, il la « croit », cette mystique vérité — inclinons-nous devant cet homme sincère, — mais d'autres la postuleront selon les « besoins » de leur ambition ou de leur orgueil. En tous cas, inspirateur peut-être de belles âmes, ou de volontés réfléchies et ardentes, Pascal ne saurait être considéré comme un sérieux éducateur de l'esprit de son temps.

Avec ses qualités et ses défauts, ce classicisme marque une apogée de l'énergie française.

Quel est le mérite éminent de cette première floraison classique ? Que possédait au plus haut point une génération si riche en individualités remarquables ? il est maintenant plus aisé de l'apercevoir. Admirons donc chez Corneille, chez Descartes, chez Pascal, cette volonté de raison — plutôt que la raison réelle, — cette netteté frappante dans une logique dont les principes restent souvent obscurs, échappant à l'expérience objective, enfin cette discipline qu'on réussit à s'imposer — oui, qu'on impose à tout un tourbillon de pensées ardentes, d'aspirations hardies, énergiquement contenues. Que n'y sent-on pas de noble et de grand ? au point que l'on se croirait çà et là, à suivre Corneille ou Pascal, au-dessus des lois de la nature... Encore sont-ils parmi les plus « raisonnables ». Mais chez d'autres... Quelle conception, parfois, d'une humanité théorique, irréelle, enjolivée, qui semble sortir de l'imagination et de la grandiloquence italienne, avec quelques oripeaux du « clinquant du Tasse » — sinon de l' « or de Virgile », — ou avec des échos de Sénèque le Tragique ! Que de romans héroïques comme chez La Calprenède, où l'on voit un peu trop de héros vertueux à la Plutarque — vertueux et galants —, à la mode surtout de l'Hôtel de Rambouillet ; ou bien au contraire que d'aventuriers — mais eux aussi plus grands que nature — dans quelque décor oriental de vie somptueuse : là le *fier Artaban*, et ici Mlle de Scudéry avec son *Grand Cyrus*, ou avec les turqueries romanesques de *l'Illustre Bassa*. Si l'on y sent trop la préciosité, l'artifice, — en revanche, dans quel cadre de riche fantaisie, variée, fastueuse, se raffine et s'édulcore cet idéal de belles manières !

Qui [1] donc nous représentait ce dix-septième siècle comme une époque de froide raison [2], insensible aux séductions imaginatives ? Bien au contraire : et l'on ne s'expliquerait pas bien cette tension dans l'effort, ni le caractère toujours un peu compliqué, un peu subtil, de cette logique disputeuse, sans une imagination ardente, qu'on ne persuade qu'en la suivant un peu. Là résident précisément — à la fois — le fort et le faible de cette fameuse raison classique. Elle est l'œuvre d'une époque d'énergie — à l'intérieur et à l'extérieur — d'autorité dans la bonne administration, de pouvoir absolu, dominant pour le bien du pays le bouillonnement des passions ambitieuses dans les fortes têtes de la noblesse de France : cette impression de rigueur utile, de santé morale dans l'arbitraire, de bon sens pratique sous l'à priori des règles, sous l'abstraction des formules, se dégage des chefs-d'œuvre classiques comme de la politique de Richelieu. En sont-ils moins des chefs-d'œuvre, à cause de cette métaphysique arbitraire qui souvent se soustrait au contrôle prudent de la commune expérience, avec plus d'autorité que

---

1. Cf. la note 1 en tête de ce chapitre.
2. Cette « froide raison » se trouve, — comme on y sent le parti pris d'une volonté qui se contraint !

de sagesse ? En tous cas, ce sont des œuvres d'une haute tenue intellectuelle et morale, présidant à l'organisation d'une digne et souvent aimable vie de société, et propres à inspirer de belles actions.

Tels aussi ces classiques sont apparus à l'Europe : non pas comme des maîtres qui brutalisent, mais comme des maîtres qui s'imposent. On sait l'immense prestige de la philosophie de Descartes, l'autorité de ce penseur si résolu, si curieux de toutes choses, si enclin aux voyages, et qui fut l'éducateur spirituel de la princesse Élisabeth, une des filles de l'électeur palatin Frédéric V, naguère élu roi de Bohême — un auxiliaire de la politique française dans la guerre de Trente ans ! — qu'ensuite le même philosophe se vit offrir une situation en Angleterre, et finit comme lecteur auprès de la reine Christine de Suède. Ajoutons qu'après la mort du maître, Malebranche assuma vis-à-vis d'Élisabeth la succession philosophique de Descartes. Et comment ne pas être reconnaissant envers un Chapelain lui-même, versificateur pénible, très ennuyeux auteur du long poème sur *la Pucelle* mais représentant la dignité des lettres françaises avec une conviction qu'atteste sa correspondance avec toute l'Europe savante ?

Comment, d'ailleurs, n'eût-on pas admiré au dehors une philosophie, une littérature, un idéal, si bien réalisés — pour ainsi dire — dans notre société si brillante et dans la puissance de notre pays ? En vérité, souvent, ont-ils admiré autre chose, les cerveaux brumeux et dociles de nos voisins de Germanie

(alors nos clients et nos disciples), que l'autorité de la
« grande nation », s'exprimant — peu importe ! —
en prose ou en vers, en tragédies ou en syllogismes,
en activité diplomatique ou en victoires ? Remercions
donc Richelieu lui-même, autant que les penseurs qui
ont haussé l'esprit français à la hauteur des circonstances, c'est-à-dire de notre énergie d'alors.

2ᵉ Période : déclin du premier classicisme ; stagnation et déclin aussi du régime.

Mais nous avons vu à quels principes abstraits,
quintessenciés donc fragiles, et trop sublimes pour ne
point donner le vertige, se rattache intellectuellement
cet idéal. Que n'est pas allé chercher cette « raison »
dans ses propres arcanes, dans les hauteurs spécula-
tives de l'orgueil, au lieu de baser sa sagesse sur la
simple observation des faits, sur cette expérience
objective qui sans nulle fièvre raisonneuse chemine
à pas lents ! Tel est le défaut de cette éducation — un
défaut par excès, si j'ose dire — oui, finalement, chez
ces passionnés de réalisme moral, un défaut de vérité
humaine à force de la chercher trop haut... C'est ce
qui apparaît surtout quand passe — dans l'histoire de
l'organisation du régime — la période de fermentation et d'effort, l'âge héroïque de la grandeur française,
où il était presque naturel d'exagérer un peu. Une fois
domptée la turbulence des seigneurs, une fois calmé
l'ultime orage de la Fronde, il semble qu'un apaisement, ou une lassitude, s'épande sur tout ce beau

monde, qu'il renonce à la résistance sous un roi tout-puissant, et incliue plutôt à jouir du fruit de son obéissance au milieu d'une cour fastueuse, qui, au prix d'une servitude dorée, offre tant de satisfactions à la vanité mondaine — pâle vestige de l'ambition de naguère. L'établissement définitif du pouvoir personnel d'un seul ne laisse plus d'espoir aux individualités fortes. Et puis, que voulez-vous ! dans la vie courante, on se lasse du sublime, qui ne saurait représenter l'état normal de notre nature. La volonté trop tendue se relâche, de même que la raison trop guindée vers un idéal surhumain perd contact avec le réel, et retombe à la déraison : on s'en aperçoit bien un peu en suivant Corneille, depuis la fougue juvénile de son *Cid* jusqu'à la démence glaciale — mais toujours raisonneuse — de *Suréna*. Et Pascal ! Comme ce logicien mystique, si vif et entraînant dans la polémique des *Provinciales*, finit par sombrer dans le pénible chaos de ses *Pensées* profondes...

Je le répète : une fois passé l'âge héroïque — qui ne dure même pas toute une vie humaine, cette exaltation n'est plus que maladive, ou bien elle se vide en quelque sorte de toute spontanéité, elle n'est plus que déclamation creuse. Ces déformations apparaissent mieux, dès que le rôle n'est plus soutenu par les circonstances, dès que le régime à son apogée ne se prête plus à la même tension des énergies. On s'aperçoit alors combien cet idéal était caduc et prompt à se dessécher — après avoir brillé d'un si vivant éclat ; et l'on comprend un peu le reproche à l'artifice et à la sécheresse classiques — qui ne sont que le fait d'un faux-semblant de classicisme : reproche qui ne saurait s'appliquer ni à Molière ni à La Fontaine...

La revanche du naturel, de l'instinct et même de la fantaisie.

Le résultat est facile à prévoir : le naturel a besoin d'une revanche. Soyons sûrs que çà et là il a déjà commencé de la prendre — sans attendre Molière, et malheureusement avec un débordement de joie grossière, qui n'est d'ailleurs pas pour nous étonner. Après avoir mis l'humanité trop haut, on est tenté de la mettre trop bas. C'est le propre de toutes les réactions : un excès appelle l'excès contraire ; dans une société trop raffinée, trop précieuse, trop exigeante en fait de langage, de tenue et de vertu, attendons-nous toujours à trouver au moins quelques effrénés libertins, excédés de tant de convention factice en religion comme en morale. Et s'ils ne se montrent pas tels qu'ils sont, c'est qu'ils ont peur d'être brûlés en effigie comme Théophile de Viau sur la place de Grève, ou simplement d'être mal vus. Alors l'hypocrisie sociale se développe dans toute sa perversion — dès que, par l'abus d'un idéal artificiel et surhumain, un contraste trop manifeste s'accuse entre ce qu'on prétend et ce qu'il est humain de faire. Aussi, soyons sûrs que cette génération elle-même qui a connu le noble et sincère Corneille et l'ardente franchise des *Provinciales*, mais aussi les louches intrigues de la Fronde — n'a pas échappé au misérable vice d'hypocrisie : les amères *Maximes* de La Rochefoucauld sont là pour nous le rappeler.

Une autre revanche de l'instinct et de l'imagination, sous une forme assez vulgaire — moins dans le domaine de la volonté que dans celui de l'esprit — est ce besoin de trivialité facétieuse qui éclate dans le genre burlesque : mais, ici encore, avec une complication dans la fantaisie, une extravagance imaginative qui est bien de son temps. Songeons au *Virgile travesti* et au *Roman comique* de Scarron — l'étrange premier époux de la sévère Mme de Maintenon, qui (ô contraste !) devait présider plus tard à l'austérité officielle (et de pure apparence) d'une cour assez dissolue déjà. Songeons aussi au fantastique Cyrano de Bergerac, de fameuse mémoire, avec son étonnante *Histoire comique des États et Empires de la Lune et du Soleil*. Sous une forme plus choisie, plus scénique, Boisrobert, cet abbé de cour [1], nous a donné une autre édition du genre burlesque, avec des farces d'où n'est pas exclu — si je puis dire — un assez habile cabotinage. Des « cabotins » au dix-septième siècle ? Eh ! comment n'y en aurait-il pas eu, à une époque de vie artificielle où existait déjà quelque chose comme notre « Tout-Paris » mondain — sous l'aspect d'un milieu si fermé, si entiché de ses modes ou de ses usages, et si théâtral lui-

---

1. On nous vante aussi la « fantaisie » de Rotrou : mais quelle fadeur en ce style affecté, qui ne peut se comparer — comme on l'a prétendu — à la manière de Shakespeare que pour la manie de l'hyperbole...

même ? Comme quoi, malgré les changements de régime, il n'est peut-être presque rien de bien nouveau dans le caractère français depuis quelques centaines d'années : nous l'avons déjà vu à propos de cet admirable rhéteur de Corneille, modèle de tant d'orateurs politiques depuis la Révolution, et même — lui, classique ! — inspirateur de tout un romantisme grandiloquent à la Victor Hugo.

La revanche plus heureuse du réalisme : le vrai classicisme de l'intelligence. Molière.

Cet abus des gestes de théâtre, presque naturel à une époque d'énergie entreprenante, de hardiesse un peu frondeuse, mais qui en se prolongeant dans l'atmosphère solennelle de Versailles n'est bientôt plus que prétention, sécheresse et mensonge, provoque encore un autre éclat de rire : et c'est celui de Molière. Cette fois nous entendons la protestation vigoureuse du naturel — et du meilleur, — de la franche et vive intelligence — non plus d'une raison un peu contrainte. On en reçoit l'impression d'un jaillissement de vie prodigieux. Et tout cela s'exprime avec une fantaisie étincelante, mais qui ne se nourrit pas de billevesées et de drôleries lunatiques. De la drôlerie, il y en a pourtant, et des charges et des turqueries désopilantes, mais toujours pour ridiculiser quelque sottise, ou encore par ce besoin spontané de peindre la vie telle quelle... et quelle vie débordante, qui n'est pas uniquement l'artificielle vie de cour ! Aussi déroulet-il devant nous de folles sarabandes, rythmées de verve populaire; ou bien c'est une simple chanson, si savoureuse. Et tout cela, il faut bien l'appeler du naturalisme. Des paysans — ô hardiesse ! — paraissent sur la scène : des paysans ? des rustres, souvent naïfs mais plus souvent avides, sournois et paillards, et brutaux quoique assez lâches, qui ne sont guère plus idéalisés que dans les romans naturalistes d'un Zola. Quelle humanité, qui ne sort pas des *Bergeries* de Racan ! Mais il y a aussi des marquis : et quels marquis ! des types de vanité querelleuse, de jactance ignorante, des oisifs occupés de riens, enfin — c'est le cas de le dire — des sauteurs : « saute, marquis ! » Là encore, quel spécimen d'humanité permanente, même en notre époque de démocratie égalitaire, en ce monde d'intrigants bavards qui se meuvent avec élégance dans les hautes sphères d'une République : car, s'ils sont moins souvent des marquis, n'en concluons pas qu'ils ne sont plus jamais des sauteurs... Au moins trouverons-nous plus de sérieux et de bon sens dans les milieux instruits ? Demandez plutôt à Molière ! Du sérieux, assurément, et même un peu trop — jusque dans les futilités les plus insipides — : un sérieux doctoral qui frise le grotesque ; et cela prouverait justement un singulier manque de bon sens. Ah ! comme Molière les a connus ou devinés, les pédants de tous les temps et de tous les pays, types de la fausse science qui se repaît d'une érudition creuse, de formules vides de sens, d'un appareil scolastique destiné à faire illusion au profane, — et qui, pour accroître l'illusion, aime à se couvrir de titres, de dignités officielles, à parader en bonnet de docteur (on n'avait pas encore inventé nos décorations)... Vous riez des mômeries solennelles que l'on impose à ce gros balourd de Thomas Diafoirus, pour qu'il devienne *dignus intrare* ? N'en riez pas tant : il fera un docteur comme les autres, un vrai « docteur », un médecin à qui on abandonnera — sinon sa vie — au moins une partie de sa bourse. Il faut vous dire que l'art des médicastres, au temps de Molière, était encore au niveau de l'alchimie du moyen âge, et qu'il n'y était question que d'un galimatias mystérieux — tel qu' « humeurs peccantes », « fuligines épaisses et crasses », vapeur « noire et maligne » « que l'inflammation de la rate fait monter au cerveau » : craignons même que le nôtre n'en reçoive quelque obscurité ; et plaisons-nous à souhaiter que ce verbalisme, inventeur de fictions impressionnantes, de chimériques entités en « ine », en « ose » ou en « ase », ait déserté depuis beau temps la Médecine contemporaine : ce dont Le Dantec ne s'est pas montré plus sûr que ne l'était Molière à son époque... Mais à la fin, ne trouverons-nous nulle part du bon sens ? Molière en a trop pour l'insinuer : il ne manque pas, parmi ses personnages, de natures saines à la volonté raisonnable, au jugement droit ; mais ce n'est pas toujours parmi les gens titrés ou en place, dans le monde de cour, de Parlement ou de Sorbonne — sans oublier celui des parvenus ou des nouveaux riches, comme ce vaniteux bêta de Bourgeois Gentilhomme ; et ce n'est pas forcément non plus dans les

« classes inférieures », qui comptent trop de brutaux et de niais — pour quelques Scapins spirituels. Voilà tout ce qu'il veut dire en sa sagesse, qui semble assez conforme à l'expérience. Seulement il le dit parfois — il le montre — avec une sorte de joie amère, tel un Misanthrope qui se hâterait d'en rire (comme dira l'autre) « de peur d'être obligé d'en pleurer » ; il étale tous ces travers avec une virulence d'ironie qui donne à penser qu'il a connu plus de vilaines âmes sous de brillants costumes, et de petits esprits dans de grands personnages, que de spécimens de belle et bonne humanité. Et pourtant il fut contemporain du Jansénisme, et des nobles figures du Théâtre de Corneille : qu'eût-ce été, si au lieu de vivre en ce « grand siècle », il était né quelques centaines d'années plus tard !

Il n'en a eu que plus de mérite, avec sa clairvoyance et son franc-parler, à une époque de pouvoir absolu, où les puissants ne badinaient pas avec ceux qui badinaient sur leur compte. Quelques marquis s'étaient bien juré de lui rompre les os, et la cabale des dévots se flattait d'interdire *Tartufe* : n'importe, Molière en réchappa, et son *Tartufe* aussi, puisqu'il fut représenté — et grâce à Louis XIV. Quel triomphe, n'est-ce pas ? pour la franchise et le bon sens sur l'hypocrisie démasquée ; quel prélude à une influence efficace du poète comique, de ce moralisateur, sur l'esprit et les mœurs de son temps ! En aucune façon. A quoi pensiez-vous ! ce n'est qu'un comédien ; autant dire : un histrion, pour cette cour du grand roi ; un histrion qui amuse, qui parfois irrite — mais cela tire-t-il à conséquence? Voilà pourtant l'homme de bon sens, dont la raison ne s'égare pas dans l'abstrait, vers les dangereuses hauteurs d'une surhumanité de fiction. Si quelqu'un peut donner des leçons de réalisme à certain milieu, où l'on souffre déjà de trop se guinder, c'est ce bon esprit robuste, non sans finesse, d'un observateur qui voit les hommes tels qu'ils sont. Il serait plus sage de les écouter sur l'heure, ces saines leçons un peu vives, que de continuer, dans l'éblouissement de Versailles, un rêve quasi héroïque de grandeur que la dignité morale soutient de moins en moins. Car il est toujours plus sage de s'avouer ses faiblesses — pour les redresser à temps — que de se mentir jusqu'au jour où le vice est le plus fort : et alors il reste la ressource de mentir aux autres; on garde les apparences, et l'on satisfait ses passions. La décadence n'a jamais commencé d'autre sorte : trop de formules de commande, trop de fictions officielles, trop de belles vertus en paroles, qui ne répondent plus à rien.

Du bon sens à une nouvelle discipline de l'esprit. Boileau législateur classique.

Et Boileau lui-même, quoiqu'il ait eu ses hauts protecteurs (dont le grand roi) à côté de beaucoup d'ennemis, peut-il passer, en fait, pour un éducateur de son temps, au même titre que les maîtres de la génération précédente, dont aucun n'eut pourtant — pas même Descartes — la même dose de véritable raison? Quel législateur du goût, certes, quel ferme et lucide critique d'art littéraire : d'un art qu'il ne sépare pas des idées, qu'il ne sépare pas elles-mêmes de leur rôle et de leur action morale dans une société dûment policée. « Rien n'est beau que le vrai », dit-il en sa profonde sagesse : et s'il n'est pas lui-même un très gracieux artiste, cela ne veut pas dire que pour écrire avec grâce il faille répudier les immortelles vérités de Boileau. Admirons en tous cas cette netteté vraiment élégante, cette jolie précision si frappante qu'elle a imposé ses formules jusqu'à nos jours. Admirons-la toujours, car elle n'a pas cessé de nous être précieuse, cette droite lumière qui ne vacille jamais. De quelles exagérations funestes, de quelles illusions, de quelle molle indulgence aux mystiques influences du dehors, ne nous eût-elle pas gardés à travers les vicissitudes de notre Histoire — tempêtes révolutionnaires et orages romantiques, rêveries humanitaires, utopies ? — Boileau était en outre un beau caractère — et cela sans nulle raideur ni emphase, sans être précisément de l'école héroïque de Corneille — qu'il estimait du reste ; on le savait loyal, fidèle à ses amis, « rustique et fier », assez avisé toutefois pour être prudent (ce qui n'est pas un tort), « droit et adroit » (car l'un n'empêche pas l'autre). Enfin, il n'y a pas eu peut-être de type intellectuel plus parfait de la raison classique — et de toutes les qualités les plus propres à faire régner le bon ordre dans l'esprit public et dans l'État — que ce fils d'un modeste greffier au Parlement, ce simple bourgeois de Paris, qui eût mérité, comme cet autre bourgeois de Colbert, de s'asseoir aux conseils du grand roi.

Classicisme et sentiment : la « tendresse » de Racine.

En fait de conseil, il n'en tenait guère qu'avec ses familiers, tels que Chapelle et Furetière, sans prétention, au cabaret ; ou du moins c'est ainsi qu'il s'était formé, par des conversations pleines d'humour — et beaucoup de lecture : existence d'homme de lettres, et non, en effet, d'éducateur officiel de l'esprit public, Assez mal à l'aise dans les milieux « supérieurs », peu réceptifs pour une influence sérieuse de ses idées — encore qu'ils ne fussent pas insensibles à certaines saillies de son talent, il se tournait naturellement vers ceux qui, dans la société, étaient considérés comme ses pairs. Et certes, parmi eux du moins, il trouvait des gens d'esprit à sa convenance. Il fréquenta ainsi La Fontaine, et même — et surtout — Racine, de tempérament un peu trop souple pour rester le disciple rigide de ces austères Messieurs de Port-Royal. Racine, d'ailleurs, doit à cette souplesse toute la grâce de son art. Il reste classique pourtant : ce qui prouve que classicisme n'est pas sécheresse, et que la sensibilité y trouve sa place, à l'occasion dans la peinture du vrai. Sans doute a-t-on accusé Racine d'une tendre indulgence pour la passion — dans son art comme dans sa vie — et à coup sûr on ne saurait le reprocher à Corneille ; mais est-il nécessaire de voir jusqu'à du romantisme dans ce léger relâchement de la morale — agrémenté d'une liaison du poète avec son actrice préférée, ce qui évoque même des mœurs plus récentes ? Racine, en effet, s'attendrit peut-être un peu trop. Mais du moins, comme il reste classique par cette finesse' de l'observation, par cette distinction dans le naturel, par cette noblesse sans contrainte — par où il excelle et se rend supérieur à Corneille — infiniment supérieur aussi, pour la vérité psychologique, à l'emphase de Hugo ! Il dépasse surtout, de ce talent classique, son rival Quinault et ses fadaises galantes ; et pourtant ne lui a-t-on pas opposé, ou préféré parfois, ce rival médiocre avec ses doucereuses tragédies d'amour — d'un amour qui semble renouvelé de la carte du Tendre ?

Suite aux considérations sur l'esprit français : tendance à une aimable dispersion.

Le goût public n'aurait-il donc pas changé autant qu'il semble, depuis le début du siècle, malgré l'influence de la raison de Descartes, de la raison de Corneille, de la raison de Boileau ? Je crains bien que cette résistance aux progrès de la raison — malgré les belles manifestations d'une élite — ne soit quelque chose de bien général, loin d'être particulière au dix-septième siècle. Il sera toujours difficile de changer le caractère des hommes ou leurs goûts : à moins qu'on ne leur impose une éducation continue — comme l'a fait l'Allemagne moderne par ses Universités, en utilisant d'ailleurs les tendances ataviques de l'esprit allemand. Nous avons reconnu bien des fois, en parcourant la littérature du « grand siècle », des qualités ou

des défauts assez constants de l'esprit français : le
succès passager de quelques écrivains, ne disposant pas
officiellement du pouvoir de diriger les esprits, pou-
vait-il changer ceux-ci pour longtemps ? Le Jansénisme
a failli y réussir, soutenu par cette autorité que la religion sut toujours prendre sur tant de consciences ;
mais dans quel excès de mysticité un peu fanatique
s'égare précisément le Jansénisme ! Chez nous, un violent mysticisme n'a de chance de succès qu'auprès de
rares tempéraments ou suivant les accès de la mode
essentiellement capricieuse : de même, peu après 1870,
l'engouement par les brumeuses littératures du Nord.
La raison au contraire, même la raison un peu abstraite et déclamatoire, celle de Corneille — et d'autres
rhéteurs moins sublimes — ne déplaît pas à l'esprit
français, de temps à autre. Mais il n'est pas rare aussi
qu'elle l'ennuie, et il cherche un délassement : en effet
— et il n'est pas le seul — il aime prodigieusement s'amuser. Or, l'amusement, il le veut surtout spirituel —
rendons-lui cette justice ; — il le veut aussi sentimen-
tal, avec une pointe de galanterie — qui ne va pas toujours sans affectation ; car, comme le voisin d'Italie,
il ne déteste pas non plus un peu de convention et
d'artifice, en particulier dans les choses de l'amour...
Rassemblez, s'il est possible, en un même type tous
ces traits épars ; et vous comprendrez à la fois bien
des caprices dont est suceptible l'esprit français — si
on l'abandonne aux vents de la mode sans une ferme
direction ; et comment il a pu applaudir un Pascal
sans renoncer à se distraire avec les libertins, ou

s'exalter avec l'héroïque Corneille pour se délasser avec le fade Quinault, avant d'accéder même — ne fût-ce que par curiosité — au quiétisme de Mme Guyon : quand il y avait eu un Descartes et quand il y avait encore un Boileau et un Bossuet...

Sagesse épicurienne de La Fontaine.

Ce n'est évidemment pas notre malin La Fontaine, doux épicurien, homme si sage (trop sage pour compromettre sa tranquilité par quelque funeste ambition), ce n'est pas lui qui malgré son merveilleux bon sens — ou peut-être à cause de cette finesse — se fût avisé imprudemment de jouer un rôle de mentor, en une société humaine qu'il avait si bien expérimentée. Il observe, il critique (et c'est déjà bien hardi !), surtout il s'amuse ; il le fait aux dépens des autres, avec une singulière liberté d'esprit, mais aussi avec quelles précautions d'ironie — sous le symbole innocent des Animaux de la Fable... Agir, exercer une action sur son milieu ? quelle sotte imprudence, alors qu'il est déjà si dangereux de parler et d'écrire à sa guise. Pensez donc ! il y a le prince — sa Majesté Lionne — et je ne vous conseille pas de lui déplaire, voire même d'attirer trop son attention ; car surtout il y a autour de lui les courtisans, des gens redoutables, aux appétits voraces et aux paroles mielleuses, « peuple caméléon, peuple singe du maître », et dont les jugements vous rendront « blanc ou noir, selon que vous serez puissant ou misérable »... Eh ! eh ! cela donne à réfléchir ;

soyons prudents, mon compère : ne nous risquons pas dans quelque fâcheuse histoire, pour avoir eu les dents trop longues, ou sous prétexte de beaux sentiments. Vive la sagesse ! c'est un idéal bien classique : or la première sagesse ne consiste-t-elle pas à se garder de toute vaine entreprise, dans ce monde que nous ne rendrons pas meilleur ? Ne soyons pas inutilement le pot de terre contre le pot de fer. Il ne s'agit point de jouer au paladin, au redresseur de torts, mais de se tirer d'affaire : débrouillons-nous, c'est plus moderne. D'ailleurs toute vertu est-elle bien durable ? Suivons plutôt la nature : nous y trouverons au moins notre plaisir, et de cela nous sommes certains ; après moi le déluge, comme dira Louis XV...

Le monde officiel et le milieu des hommes de lettres : de l'ironie au mécontentement. La plainte des « gens de mérite » : La Bruyère.

Ce n'est certes pas une leçon d'héroïsme que donne le fabuliste — mais une peinture si humaine, et en particulier si vraie déjà dans la France d'alors, sous les nobles fictions de Versailles, où elle fait apercevoir tant de réalités qu'on ne dit pas. La Fontaine, du reste, en souffre peu : qui oserait affirmer jusqu'où pouvait aller le sens moral, chez ce souple Champenois dont toute la morale était qu'il s'agit de « comprendre la vie » — et quant au reste (si j'ose dire) de « ne pas s'en faire » ? Aussi n'y a-t-il pas lieu de plaindre ce vieux libertin égoïste, installé confortablement dans le

salon de la toute charmante et fastueuse Mme de la
Sablière... Tout autre est le caractère, le sérieux, la
profonde valeur éducative, d'un psychologue qui mérite, plus encore que le paradoxal et brillant La Rochefoucauld, le nom de moraliste : La Bruyère. Celui-
ci possède éminemment, en ce « grand siècle » trop
illusionné déjà de belles apparences, le sens aigu des
réalités, ou, d'un mot tout à fait moderne, l'esprit
scientifique de l'observateur. Mais cet observateur de
talent, une fois noté le mal ou le vice en quelques
traits précis, ne se désintéresse pas — d'un geste léger d'ironie — du sort de son sujet vivant. Il prend
son rôle à cœur ; et d'abord il se fait une haute idée
de son devoir d'écrivain ; ce n'est point chez lui vanité
d'homme de lettres, mais conscience d'un métier qui
touche à celui du savant — d'un savant qui aurait
choisi son propre milieu pour objet d'étude. Il le
voit malade (un malade à la mine avantageuse et qui
dédaigne les remèdes de son croquant de médecin).
Et son âpre ironie vient surtout de ce qu'il souffre en
secret de ne le pouvoir guérir... Qu'attendre de la noblesse ? ne lui parlez que de chevaux, de femmes et de
vin. Qu'espérer du clergé ? voilà beau temps qu'il
abdique son esprit de labeur et d'ascétisme pour s'en-
graisser dans l'oisiveté et l'abondance. Les magistrats ?
tout le monde connaît la vénalité des charges. Le moraliste, en son écœurement du régime, ne fait grâce
qu'au peuple ; ou du moins il se plaît à l'espérer « in-
génu » et doué d'un si « bon fond » — ce sont ses
propres termes — qu'il « ne saurait faire aucun mal » :

il n'en fallait pas plus pour enchanter, quelque cent ans plus tard, les hommes de la Révolution, et pour qu'on saluât, de nos jours encore, le « républicanisme » de la Bruyère. Comment douter, en effet, que ce pénétrant psychologue, cet esprit sérieux, cet âpre défenseur des « gens de mérite », — s'il avait vécu en notre siècle — eût loué notre démocratie de faire une telle place aux compétences, et de n'avoir jamais été à aucun égard, elle dn moins, le règne des « faiseurs » ?...

Tentative moralisatrice des Prédicateurs : Bossuet.

Si l'homme de lettres n'avait guère de chance de voir ses critiques prises au sérieux — et même, s'il valait mieux pour sa sécurité qu'elles ne le fussent pas trop —, un autre personnage pouvait se permettre de parler, de dire son fait à cette société si hautaine : l'homme de Dieu. Il ne le disait pas toujours, préférant (s'il faut en croire La Bruyère) les avantages que l'on retire d'une indulgence dispensée à propos. Toutefois quelques exemples éminents prouvent que le clergé eut lui aussi ses grandes consciences ; et c'est une chose émouvante que d'entendre la voix sublime d'un Bossuet prêcher la décence, la mesure, et toutes les raisonnables vertus françaises, devant une société parvenue à de tels sommets d'orgueil. « Dieu seul est grand, mes frères ! » dira Massillon par-dessus le cercueil du grand roi. Et cela signifie que ce monde brillant qui l'entoure n'est pas lui-même exempt de petitesse. Il faut, pour oser le dire, un certain courage et d'abord une singulière droiture, bien difficile à garder quand on veut parvenir soi-même à quelques-unes de ces fausses « grandeurs » officielles où l'on ne se hausse (ô ironie des mots !) qu'à force de ramper De là cette petitesse des courtisans — justement quand ils veulent se grandir. La vanité fait tout le mal : elle est source — à la fois — de prodigalité folle et d'avidité insatiable, d'insolence et de bassesse. Mes frères, défiez-vous de l'orgueil, humiliez-vous devant Dieu ! C'était bien déjà la pensée dominante entre toutes les *Pensées* du janséniste Pascal. L'orthodoxe Bossuet en fait le principe de sa théologie : Orgueil, chez ce protestantisme qui prétend refaire la religion — et n'aboutit d'ailleurs qu'à l'anarchique incohérence des *Variations de l'Église protestante* ; orgueil surtout, dans cette cour — pourtant catholique — du plus grand des rois ; orgueil enfin — de la plus sournoise et de la plus dangereuse espèce — oui, ambitieux désir de plaire, chez ces moralistes doucereux qui flattent la nature humaine, au lieu de la diriger, et cherchent dans un « quiétisme » complaisant un faux renom de novateur, d'âme indulgente et d'esprit avancé. De ceux-là, de ces ambitieux politiques à l'idéologie insinuante et flatteuse, n'y en a-t-il pas déjà jusque dans l'Église, vers la fin de ce long règne si fastueux, si lourd, où peu à peu s'estompe et se dissipe la claire notion d'une énergie raisonnable — de même que se gaspillent les énergies matérielles de l'État ?

Fénelon et le début des consolations imaginatives.

Précisément, devant le spectacle d'une France épuisée par les guerres — et d'ailleurs sans se rendre compte des responsabilités de l'Europe — ne sera-t-on pas tenté çà et là, dans le vague pressentiment d'une dissolution prochaine de bien des choses, et dans l'obscurcissement du clair bon sens de nos pères, de chercher des « voies nouvelles » en quelque mystique espérance ? Ici se dessinent, comme l'ombre avant-coureuse d'innocentes nuées d'idéologie — et d'autres nuages plus gros de menace —, les charmantes utopies de Fénelon. Elles ont, pour le moment, toute l'apparence de l'éternelle bonté évangélique : ô ineffable douceur du sentiment après un si « grand siècle » de raison ! On s'y délecte sans méfiance, on croit se plonger dans des ondes de douceur, s'y purifier et se rajeunir... sans prendre garde à l'attendrissement qui descend dans les membres et qui vous engourdit peu à peu. Le voyez-vous poindre, ce rêve d'avenir, dès les dernières années plus sombres du grand roi, comme en la lourde fatigue d'une fin de jour orageuse ? Demain on se sentira plus libre et plus léger, les hommes s'aimeront au lieu de songer à se détruire, il n'y aura plus de ces interminables guerres, et l'on fraternisera dans un monde devenu meilleur. N'est-ce pas Rousseau qui parle — ou seulement l'abbé de Saint-Pierre ? Et en même temps, n'est-ce pas toujours le christianisme [1], un christianisme plus mo-

1. Je renvoie à mon étude *Du Christianisme au Germanisme*, où

derne, plus humain — humanitaire, allais-je dire — qu'on voit raviver ainsi l'utopique espérance, immortelle au cœur des hommes, en une tendre ardeur qui vient se rafraîchir avec *Télémaque* dans une illusion juvénile d'antiquité ? Et pourtant ce n'est qu'un rêve — ce ne sera jamais qu'un rêve : le rêve d'âge d'or qui reparaît plus séduisant, plus doré, après les périodes d'énergie et d'épreuves ; qui néglige leurs fortes et sages leçons ; qui finit dans le sang pour avoir trop annoncé la fin des oppressions et des carnages ; et qui oubliera — pour renaître encore.

est exposée l'évolution religieuse qui au dix-huitième siècle, de l'idéal chrétien, mène peu à peu au germanisme en Allemagne et à l'humanitarisme en France. Celui-ci s'élargit d'ailleurs (notamment chez les théoriciens de la Franc-Maçonnerie) d'une vision de toute l'antiquité païenne, et d'une synthèse un peu fantaisiste et mystique des éternelles aspirations de l'humanité à travers les âges.

CHAPITRE II

2ᵉ Époque : LA RUPTURE DES INTELLECTUELS AVEC L'ANCIEN RÉGIME

DU MÉCONTENTEMENT A L'UTOPIE

Le juste désir de rénovation et la tendance aux utopies.

Comment ne pas songer un peu, par anticipation, à ce fameux principe de la phraséologie égalitaire, qu' « un homme en vaut un autre » — sans distinction de milieux, de pays ou de temps —, quand on lit cette belle déclaration de Fontenelle : « Nous voilà tous parfaitement égaux, anciens et modernes » ? Assurance péremptoire et satisfaite : que voilà une conviction aimable, une optimiste confiance en les dons innés de l'esprit humain, que dis-je ? en la providentielle bonté de la nature, qui nous fit, à toute époque, capables d'égaler ces fameux classiques ! Heureuse humanité, et surtout heureux modernes, qui apportent en naissant tout le génie des anciens —

et même davantage, puisqu'il y a le Progrès : en sorte qu'égalité est vraiment le moins que l'on puisse dire, lorsqu'on se compare aux plus grands exemples des plus grands siècles du passé ; et que, s'il existe une différence, elle ne saurait être — de droit — qu'en faveur de l'homme du présent.

N'est-ce point la conclusion pratique de cette querelle des Anciens et des Modernes, qui éclata avant la naissance même de ce jeune siècle, dans une génération qu'on eût dit si impatiente de sortir de tutelle et de se hâter librement vers de nouvelles destinées ? Le « grand siècle » s'achève, et s'achève aussi le règne un peu lourd de son « grand roi » : ce beau monde doré, après un trop long séjour sur les hauteurs olympiennes de Versailles, se guinde de fausse vertu, se dessèche à force d'artifice, se meurt de lassitude et d'ennui. Il voudrait s'amuser ; car le vieux roi, pour l'heure, s'est fait ermite, en la sévère compagnie de Mme de Maintenon. Que faire ? attendre la fin inévitable, espérer un nouvel état de choses, fronder en secret dans ses *Mémoires*, disserter avec Fontenelle sur la *Pluralité des mondes*, rêver très loin du présent avec *Télémaque* — dans l'antiquité... à moins que ce ne soit dans l'avenir. Faudra-t-il toujours se contraindre ? faisons confiance à la nature humaine : après Versailles, ne verrons-nous jamais Salente ? Et quand bien même ce ne serait qu'une utopie, est-elle bien dangereuse ? Essayons toujours... Après un tel excès d'affectation, peut-il être si mauvais d'exagérer un peu la liberté ?

Donc, suivons plus complaisamment le penchant de notre nature : que risquons-nous ? de connaître du nouveau, ce qui ne saurait passer pour un mal. N'est-on grand esprit, n'est-on même classique, qu'à condition de se régler toujours sur les anciens ? le génie humain ne dégénère pas, il progresse ; développons notre curiosité, elle nous mènera vers de plus larges horizons, et nous y verrons luire, au-dessus de notre société vieillie, l'aube rajeunissante des temps nouveaux...

Gravité des illusions à une telle époque : elles naissent au milieu d'une véritable révolution du savoir humain.

Tel est le vague espoir qui laisse flotter une enchanteresse vision d'avenir — devant des yeux qui s'ouvrent à un monde de connaissances inattendu. Car ce dix-huitième siècle continue le grand siècle classique à peu près comme le règne de Louis XV continue celui de Louis XIV : sans lui ressembler ; et son originalité consiste d'abord en ce qu'il a beaucoup plus appris. On conçoit donc l'importance des idées — ou des sentiments, des rêves — déjà préconçus dans l'atmosphère étouffante de cette fin de règne, et qui vont s'épanouir, parés des vives couleurs de l'espérance, à travers les œuvres de l'esprit... autant que le permettra le nouveau maître avec ce qui lui restera de pouvoir. Or ces idées, où il y a en effet une part de rêve, sont nées, il faut bien le dire, de la critique du régime par des opposants. C'est cette critique qui prend forme d'une réaction imaginative, presque sentimentale, contre la discipline et l'esprit d'autorité, au nom de la liberté « naturelle » et féconde. Conclusion un peu hâtive : car si le despotisme étouffe l'esprit public — dans la mesure où il n'a plus rien d'une autorité intelligente — cela ne veut pas dire que la liberté soit alors le remède miraculeux. Le seul remède est de savoir — en tout ordre de choses, dans toutes les fonctions d'État, dans tous les domaines de l'esprit —, et que ceux qui savent aient un pouvoir suffisant, bien loin de faire fi de cet argument dans l'éducation des hommes. En d'autres termes, nous ne voyons pas que l'avancement des connaissances, que le Progrès en un mot, doive aller à l'encontre de toute autorité; il en change le principe, voilà tout, ne la concédant ni à la naissance ni à la fortune, mais aux compétences : telle serait — sans utopie — la base d'un État moderne.

Au contraire, le savoir des penseurs du dix-huitième siècle, leur réelle expérience — ou en tous cas leur curiosité — dévie sans cesse vers une philosophie dont ils se sont fait gloire, et qui n'est qu'une revanche de la faculté d'illusion. Cela nous frappe d'autant plus (mais sans nous surprendre) après le sérieux de l'âge précédent. On peut faire ses réserves sur la métaphysique quelque peu abtraite de notre premier classicisme — celui de Descartes, des Jansénistes, et même de ce sublime rhéteur de Corneille : mais comment ne pas admirer les leçons pratiques de raison, de logique, de morale, qu'ils avaient su déduire de cet empyrée hautain ? Quel idéal de bon sens et de saine discipline — de l'esprit comme de la volonté — l'on voyait chez eux se dégager de principes souvent contestables, si élevés encore au-dessus de l'expérience ! Et à l'opposé, au siècle de l'Encyclopédie, alors qu'il n'est plus question que d'observer pour connaître, et qu'en somme l'expérience est le seul principe du savoir nouveau, que de billevesées issues de ces cerveaux de philosophes, que de vaines théories, qu'ils ont prises pour les « lois naturelles » de l'humanité ! Ce genre d'erreur a un nom : il s'appelle le défaut de bon sens, et n'est pas rare dans des milieux fort instruits. Il est pénible de le noter, par exemple, chez des hommes spirituels comme Voltaire, quand il s'agit de politique extérieure et des intérêts de la France, auxquels il substituait trop légèrement ceux d'une humanité bien théorique. Combien d'intellectuels, hélas ! qui n'ont eu que cela de commun avec l'esprit de Voltaire...

La base d'expérience et le parti pris d'illusion.

Devons-nous conclure que la philosophie du dix-huitième siècle, excellente en son principe — l'expérience — s'égare ensuite par toutes les illusions qu'elle y introduit ? A qui la faute, sinon à ces philosophies, qui sur une telle base de sagesse ont bâti des erreurs si spécieuses, et si persistantes, et si fatales à leur pays ? Jamais les plus « avancés » parmi nos classiques, jamais un Boileau pourtant si épris du vrai et du bien, jamais notre hardi Molière, ni La Bruyère lui-même en son âpre désir de voir les hommes meilleurs, n'ont cherché dans un avenir d'utopie la fin des sottises ou des injustices humaines ; et l'avisé La Fontaine s'est bien gardé de croire que si la « société » présente n'était que ruse ou violence, celle de demain respirerait l'amour du prochain et la vertu : en quoi ces grands classiques, sans parler de science autant que le dix-huitième siècle, se sont montrés les vrais réalistes. Ceci ne nous fera pas méconnaître que les « philosophes » de l'Encyclopédie — ou leurs collaborateurs — ont entrevu, fondé parfois, les sciences d'observation, ni que leur œuvre prodigieuse pouvait servir de base à un classicisme élargi par l'étude de l'Histoire et de la Nature. Mais que voulez-vous ? Il n'est rien de tel qu'un parti pris d'illusion pour fausser les leçons de l'expérience : cette humanité dont ils ont tant parlé, l'ont-ils seulement connue dans leur propre temps, ne l'ont-ils pas vue à travers leurs désirs ; ou plutôt, assez perspicaces peut-être — et nullement tendres pour elle — dans le détail de l'observation journalière, n'ont-ils pas feint, dans l'ensemble, de l'imaginer selon l'indulgent optimisme d'un cœur « sensible et généreux » ? Y aurait-il donc là, en fait de sentiments et d'idées, une fiction où se plaît l'esprit et pour laquelle il s'échauffe, appelant l'imagination à son aide ; une mode, pour tout dire, où l'on finit par devenir sincère à force de se le répéter : enfin, quelque chose qui évoque parfois les embrassements prodigués par un Voltaire à ses plus intimes ennemis, et où le spirituel coquin s'attendrissait sur sa propre tendresse avec une insistance qui lui arrachait des larmes ?

Intérêt sentimental de ces utopies : elles consolent les mécontents.

Oui, cet attendrissement un peu forcé au sujet d'un avenir meilleur, cette suggestion que l'on s'impose en se figurant qu'on ne se suggère rien et que l'on suit le penchant inné au cœur des hommes, cette façon d'être naturel, sincère, « humain », magnanime, voire même simple, avec ostentation, de s'enthousiasmer pour les mêmes vertus natives que l'on découvre ou que l'on imagine chez des amis lointains, d'épancher son âme sensible en protestations, en lettres et en discours, de faire fi des distinctions sociales et des grandeurs, de proclamer, enfin, qu'il y a — et surtout qu'il y aura bientôt — quelque chose de changé dans la société humaine : voilà bien de la littérature — mais voilà surtout de la politique, et une politique qui évoque déjà la nôtre. N'est-ce pas ainsi que l'on prépare l'opinion, que l'on plaît à un grand public, qu'on le persuade et l'entraîne — par ces aimables fictions qui lui font apercevoir en lui-même tous les signes d'un âge d'or prochain, et en celui qui parle un dévoué serviteur de cette humanité de Paradis terrestre ? Seulement, si vous observez un peu, vous remarquerez que ces promesses d'un charmant avenir se font toujours aux dépens d'un régime présent : l'Éden n'apparaît au loin sous de si suaves couleurs qu'au sortir de quelques visions d'enfer; et pour ajouter encore à l'ignominie de ce qui est, vous pouvez compter sur l'imagination de ces orateurs, avocats de ce qui devrait être et qui sera bientôt. C'est l'art de bien des prophètes... Tout ce qu'ils annoncent de beau à l'humanité de leur temps, ne l'est que par contraste avec ce qu'ils censurent. Et, dans la mesure où ils sont sincères, il faut donc supposer chez eux le même désir éperdu d'un nouvel état de choses qui soit le contraire de l'ancien, de celui dont ils se plaignent encore. Disons le mot : ces prophètes, pour la plupart, ce sont des mécontents.

Où les mécontents du régime deviennent les prophètes d'un régime nouveau.

Des mécontents : comme ce mot éclaire d'un jour inattendu les causes profondes, les causes psychologiques et bien humaines, de l'idéologie prophétique des philosophes du dix-huitième siècle, ancêtres de la grande Révolution ! Ces causes, ou plutôt l'une d'elles, la plus commune et la plus constante, vous la trouvez dans les rapports des intellectuels avec le régime dont ils ne veulent plus. Savent-ils bien ce qu'ils veulent ? rien n'est moins sûr : mais en tous cas ils tendent vers tout ce qui n'est pas l'état de choses dont souffre leur vanité. Ne nous étonnons donc pas de trouver toujours présent, sous leur critique de l'ancien régime, l'éternel mobile de l'orgueil humain : les intellectuels eux-mêmes, comme chacun sait, n'en sont pas exempts... Ceux-là surtout, qui sont des écrivains, des hommes de lettres, et qui doivent briller dans le monde sous peine de passer inaperçus : car presque tout le public fréquente les salons, c'est là que les opinions s'établissent, et par suite les renommées; c'est là encore que l'on fera le succès d'une mode à la « sauvagerie » même d'un Rousseau, où entre d'ailleurs un tel désir d'étonner et de plaire — avec un amour-propre si chatouilleux, si entreprenant et si retors. Ah ! le subtil avocat de sa propre cause, que cet homme « sincère » ! comme il excelle à se faire remarquer, et à se faire plaindre; et comme ce réquisitoire contre la société mauvaise — d'où vient tout son mal — lui sert à idéaliser son Moi romantique aux yeux attendris de cette société même ! De la vanité, vous dis-je, et du mécontentement : quelles excellentes dispositions d'esprit pour déclarer la guerre à toutes les « tyrannies » au nom des « droits de l'homme » méconnus ! Et selon son tempérament, le jeune homme s'enflamme avec plus ou moins d'ardeur : et ce sont les véhémentes apostrophes d'un Rousseau, ou les flèches acérées de la malignité de Voltaire; là, un Discours sur l'Inégalité — sans songer que, de l'égalité parfaite, une âme si ardente serait la première à souffrir; ici, plus positivement, par contraste avec le « sot régime », l'image avantageuse d'un régime patriarcal dont le « philosophe » lui-même serait le souverain patriarche. Que de revanches d'orgueil ces intellectuels du dix-huitième siècle se sont ainsi offertes ! l'un en récriminant, faute de mieux ; tel autre, dévergondé, sarcastique et amer, en se moquant de son public — et de son propre succès ; tel autre encore, plus habile, apprenant à manier l'Opinion pour devenir l'égal des puissants ; cet autre enfin, se contentant de troubler les cœurs par le pressentiment d'un jugement prochain...

Du légitime amour-propre des intellectuels ; de l'aveugle maladresse de certains gouvernements.

Mais s'ils sont mécontents du régime, la faute n'en est-elle pas d'abord à ce régime lui-même ? Que penser d'un gouvernement qui laisse se produire une telle défection de ses intellectuels, qui fait si peu pour se les concilier, et ne sait qu'envenimer les rancœurs par des menaces d'exil, d'envoi en Bastille ou au donjon de Vincennes — lui qui permettait dans son entourage une immoralité si néfaste, tant de propos légers, tant d'intrigues funestes aux intérêts du pays ? Certaines faveurs encourageantes, dispensées à nos philosophes par le roi de France au lieu de l'être par celui de Prusse ou par l'impératrice de Russie, n'eussent-elles pas été mieux placées que lorsqu'on les prodiguait à un monde oisif de courtisans ? L'offre d'une situation dans l'État — faite à quelques-unes de ces intelligences si actives, si ambitieuses, si influentes dans le bien comme dans le mal, et si reconnaissantes à un prince étranger pour ses moindres égards, n'eût-elle pas été payée largement par la certitude de les avoir à son service? Rien n'empêchait, pour le reste, de morigéner les plus fous, et au besoin de les faire taire : il y a eu des opposants sous tous les régimes, même en Prusse ; mais la Prusse, finalement, s'est toujours entendue avec ses « penseurs », et non pas seulement par le fait de la pression officielle, mais en leur ménageant des avantages : vous aurez beau dire, cela arrange bien des choses — et dans tous les pays.

Il est bien vrai que nul pays n'a su le faire comme la Prusse : de là, chez notre rivale, une exceptionnelle discipline des esprits, une cohésion des volontés, une utilisation des compétences, qui n'a fait que s'affirmer avec le temps. Entreprendre un pareil effort dans la France du dix-huitième siècle — à l'aube de tant de cataclysmes qu'il nous eût sans doute épargnés, — cette seule supposition fait sourire si l'on songe au degré de dissolution du régime : comment attendre un tel effort de l'imprévoyant et capricieux gouvernement de Louis XV, de sa noble insouciance ? Aussi en a-t-on vu les résultats — et jusqu'à nos jours.

Pourquoi le « philosophe » est devenu révolutionnaire.

Ce désaccord entre les intellectuels et le pouvoir, avant de tourner au divorce entre l'intelligence française et les intérêts de la France, s'annonçait depuis la seconde génération classique, depuis les amères critiques d'un La Bruyère, comme aussi d'un Vauban, d'un Fénelon, contre les abus d'un régime de bon plaisir. Sans doute l'œuvre de Richelieu (celui-là avait pressenti la nécessité d'organiser les choses de l'esprit, ou le monde des lettres) oui, son Académie française subsistait encore pour longtemps, mais, de plus en plus, comme une institution purement honorifique dans l'État. D'ailleurs, un académicien aussi illustre que Boileau s'en tenait volontiers à l'écart, et — quoique historiographe du grand roi — encore plus à l'écart du monde officiel ; Racine, historiographe lui aussi, pontifiait avec plus de conviction ; mais Molière, avec tout son génie réaliste — trop réaliste, justement — n'était guère pris au sérieux (pensez donc : un comédien) ! Notons enfin l'attitude d'ironie prudente qu'observait La Fontaine : ce n'était pas lui le moins sage... Or, nos gens d'esprit du dix-huitième siècle ne le sont pas autant : ils ne resteront pas prudemment assis au fond de leur bergère, tandis qu'évolue sous leurs regards aigus (car on est encore psychologue) le monde frivole, inutile, taré, des puissants du jour, des sots prétentieux qui sont « quelque chose » alors qu'eux-mêmes ne sont rien avec tout leur esprit. A d'autres, à l'ancienne génération, les revanches discrètes de l'intelligence qui se sait supérieure : pourquoi l'écrivain lui aussi n'aurait-il pas un rôle dans les affaires de ce monde ? « Vivre sa vie », en quelque sorte, jouer son personnage dans cette vie publique : cela n'est défendu qu'à ceux qui n'osent pas. Soyons frondeurs avec esprit, on nous le pardonnera : tant de seigneurs l'ont fait avant nous, qui ne nous valaient point ; il est si français de fronder le pouvoir... Qu'on nous mette en

Bastille : avec de bonnes relations on en sort ; y a-t-il une justice pour des Figaro ? Ou bien qu'on nous exile : nous nous instruirons — « quiconque a beaucoup vu doit avoir beaucoup retenu » — et surtout nous pourrons dire à la France, à son gouvernement, à tous les satisfaits qui nous briment, qu'il existe ailleurs d'autres lois, un autre idéal, plus de « liberté ». Et si cela déplaît au pouvoir, tant pis ! nous retournerons en exil, nous attendrons chez les ennemis de la France, pour la honte de notre patrie, l'avènement d'un temps meilleur...

Ainsi se révolte, en ce dix-huitième siècle, le « philosophe » impatient d'agir, et qui voit se fermer toute issue devant les tentatives de son libre esprit : et cette révolte intérieure, commencée contre une poignée de gouvernants, s'achève parfois aux dépens du pays. A qui la faute, je le répète ? à l'écrivain qui s'irrite et perd la mesure, ou au régime qui lui donne lieu de s'irriter ? A tous les deux, sans doute : et c'est la France qui en a pâti.

La question religieuse dans la politique française : atmosphère de guerre civile. Pierre Bayle.

Il y a d'abord, à l'origine de tous ces dissentiments, l'éternelle question religieuse, dans un pays déchiré si longtemps par les guerres de religions. L'habile conversion du Béarnais Henri IV n'a mis fin qu'en apparence aux luttes civiles : les protestants restaient un « État dans l'État », Richelieu dut les réduire ;

Louis XIV et Louvois poussèrent la répression jusqu'aux dragonnades, et à la Révocation de l'Édit de Nantes : cela n'était pas de nature à éteindre les rancunes, mais bien à les exaspérer, avec la complicité de nos ennemis de Brandebourg, qui firent fête aux réfugiés. Plus tard nos philosophes, plus ou moins réfugiés eux-mêmes, et bien accueillis pour des motifs analogues, allaient admirer la Prusse pour sa « libérale » sollicitude, si désintéressée notamment ! C'est le germe de bien des illusions... Il faut avouer que l'intolérance religieuse, surtout à l'égard de croyants d'une confession différente — souvent assez fanatiques de leur côté, — est politiquement une grave maladresse, atteignant les hommes en des sentiments qui leur sont parfois aussi chers que leur propre vie. Qu'importent à l'État, par elles-mêmes, les questions de rite ou de dogme — à condition toutefois que l'ordre public n'en soit pas troublé [1] ? Ce n'est pas que le roi lui-même soit un fanatique : seulement, il y a des coteries toutes-puissantes. Et puis, le vieux droit d'Église est encore loi d'État. Ainsi, supposez qu'un protestant se convertisse, qu'ensuite, suivant l'évolution de sa foi (pourquoi ne serait-ce point légitime ?)

---

1. Que les opinions individuelles ne troublent pas l'ordre public : tel est le point de vue fort pratique des rénovateurs de l'Étatisme prussien, aux environs de 1789. Mais, pour assurer ce bon ordre, il ne leur suffit pas que l'on taise certaines opinions personnelles ; ils veulent même que l'on affecte des opinions qu'on n'a pas. Ce n'est plus seulement de la prudence, mais du mensonge.

il revienne au protestantisme : cet homme a beau s'appeler Pierre Bayle ; ne nous parlez point d'exception, de grand esprit, de liberté de conscience : ce « philosophe » n'est qu'un relaps, nous l'exilerons en Hollande... Mais en Hollande, notre exilé va se trouver mieux qu'en France, où vos tracasseries ne le laissaient pas tranquille. Alors, il ne va pas manquer de le dire : comment l'empêcher désormais ? Bien plus : il l'écrira ; et toute l'Europe pourra se mettre au courant des vilaines petites affaires de la « grande nation », et rire avec lui de la sottise du régime — non sans faire peut-être aussi quelques réflexions (car il y a des malveillants partout) sur ces beaux-esprits un peu dévergondés qui parlent à tort et à travers de toutes les choses divines et humaines.

Déboires et pérégrinations de Voltaire : comment on devient cosmopolite.

Voltaire aussi, en ses pérégrinations souvent forcées à travers l'Europe, a débuté par un séjour en Hollande. Or il n'y avait pas alors de plus grand centre d'intrigues et de propagande antifrançaise que ce pays germanique et protestant, ennemi traditionnel de Louis XIV. Je vous laisse à penser si le jeune Arouet — sans songer à mal — y frétille d'indépendance à l'égard de son pays : tout comme Bayle, dont il salue la mémoire... De retour à Paris, il faut que sa verve se donne libre cours : c'est le moment de parler, voici la Régence ; mais notre Voltaire a déjà de ces mots que l'on pardonne pas : on l'éloigne ; il se fera humble pour revenir ; louangeur cette fois, au lieu de railler, il comparera le Régent à Henri IV. Mais ce diable d'homme ne tient pas sa langue : encore une méchante histoire ; décidément, en route pour la Bastille ! Et ainsi de suite, d'arrangements en récidives : je suis obligé d'en passer,... Bref, voici Voltaire revenu en Hollande ; et là, par contraste, tout n'est que sagesse : « pas un oisif, pas un pauvre, pas un petit-maître, pas un insolent » ! c'est évidemment le règne des gens sérieux — voilà qui eût convenu à Voltaire : comme il y aurait donné l'exemple de ses vertus !... Mais c'est curieux : on ne se trouve chez soi qu'en France, malgré tout le mal qu'on en dit ; rentrons un peu prendre l'air de la capitale ; hélas ! nous avons une trop bonne opinion de nos mérites pour nous contenter de la place qu'on nous y laisse — sous l'apparence flatteuse des plus hautes relations : le ferons-nous voir à quelque encombrant seigneur ? quoiqu'homme de lettres, nous avons du courage, nous ne craignons pas une affaire ; maudit soit le butor ! non content de nous bâtonner, il nous fait renvoyer en Bastille : allons ! il faut encore quitter la France. Cette fois, ce sera pour l'Angleterre : n'est-elle pas la patrie des Révolutions ? n'y respire-t-on point l'air de la liberté ? en tous cas on y respecte un peu mieux que chez nous la dignité humaine, surtout celle d'un penseur : et cela est toujours sensible à un écrivain qui sait ce qu'il vaut. Il faut avoir vu les royales funérailles de Newton ; il faut avoir connu soi-même le succès avec une édition de luxe de sa *Henriade* — un triomphe — auprès d'une cour intelligente, qui apprécie les chefs-d'œuvre : vite, une Épître enflammée pour remercier les souverains d'Angleterre — avec mainte allusion ironique aux choses et gens de l'ingrate patrie. Ah ! si l'on y savait utiliser les talents d'un Voltaire : quel ambassadeur ne ferait-il pas ? Justement, il rêve de s'entremettre, pour conclure une noble amitié, entre Louis XV et Frédéric II : spirituel et pourtant naïf Voltaire ! il est encore dupe de 'sa vanité : c'est pour Frédéric II qu'il travaille ; un roi si charmant, si aimable aux philosophes, si « philosophe » lui-même... N'hésitons plus : en Allemagne on pourra respirer une atmosphère plus intellectuelle, et vivre à son rang parmi les hommages ; on s'y consolera bien d'un échec à l'Académie. On part — et quel accueil ! ce n'est plus la dignité anglaise, c'est la fraternité, qui plaît aux cœurs « sensibles » ; fi des distinctions factices que crée la naissance : la sœur de Frédéric n'est-elle pas la sœur de Voltaire ? comme on se trouve en famille, chez cette « sœur Guillemette » à Baireuth ! Simple prélude — si j'ose dire — avant l'enchantement de Potsdam, dans une Prusse devenue « l'asile des arts, de la magnificence et du goût » : quel nouvel âge d'or, auprès du « roi-philosophe », en des « banquets de Platon » !...

Voltaire et la Prusse : l'illusion plus forte que le sens critique.

Pauvre Voltaire ! comme son amour-propre dut souffrir, quand la tendre idylle — le « mariage », comme il disait, — fut rompue par un mot cruel de Frédéric II. « J'aurai besoin de lui encore un an au plus », aurait dit le roi de Prusse assez cyniquement à un tiers, qui s'empressa de le redire à l'intéressé : « on presse l'orange et on en jette l'écorce. » C'était peut-être le premier mot sincère : ô symbole de la manière prussienne ! quelle lumière il projette sur les raisons profondes du généreux accueil fait à nos protestants naguère aux bords de la Sprée, et sur celles de l'hospitalité si « libérale » du « Grand Frédéric » *Profitieren*, dit plus simplement l'Allemand moderne ; oui, « profiter » sans vergogne, puisque les voisins sont assez naïfs pour se faire duper de si bon cœur. Comment le Hohenzollern perfide ne se fût-il pas amusé de Voltaire, ce grand « philosophe » qui était un si naïf politique, et qui s'imaginait qu'avec la philosophie l'on gouverne les États — surtout avec une philosophie de libre pensée, de libre critique, en un mot de liberté ! Il ne connaissait donc rien à l'Histoire ? ce n'est pas de tels principes qui faisaient la discipline et la force du jeune royaume de Prusse, et ce n'est pas en respectant la liberté des peuples que Frédéric lui-même avait mis la main sur la Silésie ; ce n'est pas non plus en accordant des libertés à son

propre peuple que le fils du roi-sergent entendait régner. Aucune liberté : pas même celle de penser — ou
du moins de clamer en public ce que l'on pense, quand
on pense mal de la religion établie. « Garde pour toi
ce que tu tiens pour vrai, mais ne trouble pas le
peuple par tes doctrines, » dira plus tard un Prussien
de l'époque en commentant certain Édit [1] fameux, où
un autre apologiste verra revivre les principes du plus
grand roi de Prusse. Il y va de l'ordre public, de la
discipline des consciences : Frédéric II s'y entendait.
« Est-il utile au peuple d'être trompé ? » telle est la
question que posera un jour [2] à son instigation, sous
cette forme quelque peu hypocrite, l'Académie royale
de Berlin, — question qu'il faudrait plutôt traduire
ainsi : « Nous est-il utile de tromper le peuple ? »
Dangereux principe de bien des fictions, et même de
tous les mensonges ambitieux que les artisans de la
Kultur ont faits à leur pays, et ont fini par se faire à
eux-mêmes. Car il n'est pas sans inconvénient d'abandonner la vérité pour l'illusion, conçue comme seul
moyen de gouverner : comment ne serait-on pas dupe
soi-même de cette religion d'État que l'on inculque

1. l'Édit de religion par lequel Frédéric-Guillaume II exi-
geait de ses fonctionnaires, au moins extérieurement, le respect
de la religion d'État, au nom de la discipline nécessaire dans
le peuple : et cela, quelle que fût leur conviction secrète.
Cf. pour les documents relatifs à cette théorie du mensonge officiel, de la « duplicité » utile à l'État, notre étude sur l'évolution du *Christianisme au Germanisme*, chap. VI : « l'Étatisme,
ou la discipline en face de la vérité ».

2. sous son règne, en 1780.

aux autres comme une émanation de son orgueil ? Elle tournera la tête à plus d'un philosophe d'outre-Rhin. Frédéric II, pour sa part, n'y met encore que du cynisme : il a gardé l'esprit clair de sa génération de libres penseurs, la raison du « rationaliste » — mais cette raison qui sort de l'école de Voltaire, il ne l'emploie qu'à mieux calculer ses mensonges à l'égard de Voltaire lui-même.

Enfin l'imposteur se trahit, la vérité se fait jour : ô désillusion, coup de foudre, qui ne ressemble pas à celui de l'amitié première ! Notre philosophe comprendra-t-il qu'on ne va pas sans quelque légèreté faire la nique à son gouvernement avec un roi de Prusse, lui faire « admirer » une licence effrénée de langage — qui lui donne plutôt à réfléchir ? surtout quand un autre Français comme La Mettrie, avec ses extravagantes bouffonneries d'impiété, suggère à ce parvenu de Hohenzollern l'illusion de voir jouer devant lui ? à ces fils de la « grande nation », le rôle des *Græculi* de la décadence romaine. Cynique, ce Frédéric II ? mais bien réaliste tout de même, en ce qu'il aurait exigé de ses intellectuels plus de retenue — du moins pour l'apparence — à l'égard de la religion établie... et de bien d'autres institutions encore, parmi lesquelles la Morale si utile dans un État. Voltaire, même sous le coup de l'affront, est-il capable de s'en apercevoir, de tant réfléchir, de scruter le fond des consciences ? Voltaire s'occupe de Voltaire : et quelle que que soit la brouille d'un jour, de nouvelles avances de Frédéric le ramèneront à son « roi philosophe », plus facilement qu'il ne saurait pardonner à Louis XV son persistant dédain.

Voltaire et la France : la joie de « démolir » avec esprit.

En France, il n'est content de rien, et presque de personne, sauf de ses talents : et, comme il a la manie de l'intrigue, il excelle à se faire valoir en opposant les uns aux autres. D'abord la religion l'impatiente, avec son autorité qui restreint la liberté humaine (si encore il ne s'agissait que du peuple, notre bon libre penseur serait assez de l'avis de Frédéric II); surtout le clergé l'irrite, avec tous ses pontifes officiels, usurpant la place qui devrait évidemment revenir au philosophe. Qui empêche de parler, qui censure les écrits, qui règne en Sorbonne, au Parlement? toujours un dogme quelconque, une forme de la religion établie. C'est ce régime-là qui a brimé Voltaire: il le lui payera. A chacun son tour ; au clergé d'abord. L'Histoire, du reste, ne nous montre-t-elle pas l'éternelle alliance des prêtres et des princes, conjurés pour l'oppression des peuples ? Qu'on le dise au peuple français — pour qu'il connaisse ses tyrans : tous les tyrans, ceux de l'Église comme les autres — qu'on ose moins nommer. Et, si une Révolution en résulte, eh bien ! alors nous serons les pontifes nouveaux, l'humanité n'y perdra rien : ne sommes-nous point les « vrais philosophes » ?... Mais il n'y a pas que le clergé régulier : que dire de l'Ordre des Jésuites ? « Écrasons l'Infâme ! » ... A l'opposé sont les Jansénistes — oh ! les tristes gens, et que l'austérité est chose peu spirituelle ! Les protestants, au moins, ne sont pas les maîtres en France, et d'ailleurs, étant catholique, nous n'aurons jamais affaire à leur Consistoire : donc, défendons-les contre leurs ennemis ; ce sera encore une manière de faire de . opposition ; justement, éclate l'affaire Calas : la cause est noble, il s'agit de défendre un innocent accusé par des fanatiques ; et ces fanatiques ont eu gain de cause au Parlement. Voilà Voltaire dénonciateur de toutes les injustices, de toutes les oppressions... C'est le moment qu'il choisit pour donner une nouvelle leçon à la France, en admirant, après le « roi-philosophe », cette « libérale » Catherine de Russie qui offre à l'Europe un bel exemple d'humanité. Mais elle a fait assassiner son mari ? peuh ! « affaire de famille » ; n'entrons pas dans ces mesquins détails lorsqu'il s'agit de la « Sémiramis du Nord » : encore une sincère « élève » de nos philosophes, qui manquaient décidément de psychologie quand leur vanité était en jeu. Et l'on correspond, et l'on s'admire, et l'on s'attendrit sur l'humanité : la digne élève s'attendrissait un peu moins sur le sort de la Pologne...

Où le « démolisseur » devient roi de l'Opinion.

Et pourtant Voltaire, qui égarait ainsi l'intelligence française par ses jugements sur l'Europe, revint mourir à Paris dans une apothéose, comme une manière de « roi de l'opinion » : royauté dont il était le fondateur, et qui déjà semblait destinée à remplacer l'autre, mais qui débutait, hélas ! par des aberrations assez graves. C'était la revanche de l'esprit sur un régime qui en avait méconnu la puissance : il est regrettable que cette revanche se soit produite au prix de tant d'illusions. La France a payé cher les vexations infligées dans sa patrie à l'amour-propre d'Arouet le jeune, et les succès qu'il est allé quérir [1] chez des flagorneurs étrangers.

Opposition plus raisonnable de Montesquieu.

Le tempérament y fut pour quelque chose : tout le monde — même dans le monde des lettres — n'a pas la vanité de Voltaire; tout le monde n'a pas non plus le même talent, ni en conséquence pareil motif de se plaindre qu'un' « homme de mérite » soit si peu de chose dans son pays. D'autres écrivains de mérite (et même de plus de jugement parfois) ont critiqué avec moins d'éclat, ont voyagé sans ostentation, se sont retirés en sages dans quelque coin de terre tranquille, pour y philosopher sur un gouvernement meilleur : ainsi Montesquieu. Il a bien vu les défauts de la société de son temps : depuis l'orgueil du grand roi — dont on connaît la religion pour sa propre personne — jusqu'à celui des gens d'Église, de robe et d'épée; et avec l'orgueil, il a constaté surtout l'ignorance. Il le dit si vivement, sous la fiction de ses *Lettres Per-*

---

1. Soit en personne, soit par sa correspondance innombrable.

sanes, que l'on croirait relire du La Bruyère assaisonné de Saint-Simon. N'est-ce, ici encore, que rancune d'amour-propre ? il ne semble pas ; Montesquieu est un esprit droit, et s'il cherche à briller c'est par so 1 style — par coquetterie d'écrivain : quant au monde, il ne le fréquente que pour se distraire — car il faut bien observer les salons. Le plus souvent, il médite, en son domaine de La Brède ; il songe aux pays parcourus — l'Autriche, la Hongrie, l'Italie, l'Angleterre, — à leurs institutions, aux régimes d'hier, d'aujourd'hui, de demain ; et à loisir, en « philosophe » mûri par l'expérience, il rêve de donner plus d' « esprit » aux Lois. Certes, dans cet *Esprit des Lois*, il y a bien un peu de rêve et d'utopie, des définitions trop abstraites — de la République, de la Monarchie, du Despotisme — et notamment, pour la République, une tendance à n'y voir que de la vertu. Mais que d'hommes d'État qui ont commencé par la théorie, pour acquérir dans la pratique un réalisme dont n'était pas incapable la sagacité de Montesquieu ! Cet esprit sérieux qui dénonçait les abus de son temps, et ne méditait que d'y porter remède, eût mérité en haut lieu un meilleur accueil que tant de brillants favoris : mais quoi ! c'est à peine s'il parvenait à préserver son livre des foudres de la Sorbonne.

Suite aux considérations sur le dix-huitième siècle : comment les idées peuvent préparer une Révolution.

Or ce mécontentement des intellectuels à l'égard

des pouvoirs établis, cette attitude frondeuse — ou, sans que ce soit uniquement leur faute, cette situation de suspects vis-à-vis de tout ce qui est la France officielle, peut avoir les plus graves conséquences, surtout étant donnée l'époque. Ce ne sont point là, en effet, des écrivains d'une époque quelconque, mais du dix-huitième siècle, du siècle qui voit se renouveler la critique de toutes les idées humaines, comme aussi de toutes les institutions, par suite d'une prodigieuse extension du savoir. Cet immense événement d'Histoire intellectuelle — qui devait « révolutionner », au sens propre du mot, notre Histoire politique — nous pouvons le comparer à un afflux de connaissances [1], qui vient transformer les opinions admises. L'expérience en est la source riche et vivifiante — l'expérience objective — et non, comme au temps encore d'un Descartes lui-même, quelque nouvelle méditation de philosophe. Une philosophie, sans doute, va naître de ce nouveau savoir, d'ailleurs pour en fausser le sens : mais tous les arguments, même déviés vers des illusions, seront tirés de ce qu'on vient d'apprendre en ouvrant les yeux sur des horizons inconnus. Bien que cette expérience révélatrice soit l'œuvre patiente de plusieurs générations, c'est au dix-huitième siècle qu'elle devient assez vaste pour suggérer aux esprits des réflexions, des questions nouvelles, qui se ramè-

---

1. Cf. notre thèse sur *les Origines mystiques de la Science allemande:* ou encore, *Du Christianisme au Germanisme.* 1re partie. *Les origines d'une évolution intellectuelle : l'Histoire des religions au dix-huitième siècle.*

RENÉ LOTE.

nent d'ailleurs, sur tous les domaines, à une revision des jugements anciens. Ah ! que les gouvernements se tiennent sur leurs gardes ; car, comme sauront le voir ces Prussiens à l'esprit pratique, un Frédéric II d'abord, et puis tous les philosophes de la « Kultur » : il n'est guère d'idées (parmi ces idées générales) qui soient indifférentes dans un État ; ce qui n'est d'abord que réflexion de i érudit, de l'historien — dira un certain Stäudlin en commentant Herder — se transmet par les paroles, ou par les écrits, à d'autres cerveaux où la même idée devient principe d'action : surtout quand elle prête aux passions populaires. Donc, surveillons nos pensées — ou du moins l'expression de nos pensées — en particulier dans la question religieuse, sous peine de compromettre la tranquillité publique. Ainsi raisonnaient, à la vue des « lumières » nouvelles. les théologiens prudents de l'Église luthérienne, assez voltairiens parfois dans leur for intérieur, mais soucieux, extérieurement, d'une bonne discipline dans leur État. Or, sans aller comme eux jusqu'à proclamer l'utilité du mensonge pour maintenir le peuple en ses croyances traditionnelles, n'eût-il pas été sage d'observer une juste mesure dans l'énonciation de ses idées, et en tous cas de ne pas se servir de certaines vérités comme d'un moyen d'agitation politique — ce qui ne saurait être, pour un « philosophe », le moyen de ramener la sagesse dans l'esprit des hommes ? Mais allez donc parler de circonspection et de mesure à de beaux esprits qui veulent se venger du pouvoir ! Ils sont tout près d'admettre qu'un peu d'anarchie vau-

drait mieux qu'un si sot gouvernement, et, vue à travers leur idéologie de mécontents, une petite Révolution même ne leur semble pas chose détestable. Allez
surtout leur parler de ménager l'Église, tradition-
nelle adversaire des libres penseurs, l'Église qui fait
condamner les auteurs par le Parlement [1], les ouvrages par la Sorbonne ! On recherchera, au contraire,
toute occasion de prendre une spirituelle revanche, et,
aussi souvent que les dogmes s'exposeront à la critique, de ne pas les épargner.

**Comment le progrès de l'Histoire et des Sciences renou-
velait la critique des dogmes et des institutions : d'où,
danger pour les Églises et les États.**

Précisément, rien ne semble plus facile à l'esprit de
ces philosophes du dix-huitième siècle, à qui les études
historiques ouvrent de nouveaux aperçus sur l'origine
des religions. Car l'Expérience, que nous disions avoir
été la source de la révolution des idées, est surtout
l'expérience de l'Histoire humaine, élargie par des
voyages, par des fouilles, par des découvertes, ainsi
que par une observation plus diverse des peuples du
présent. Ce travail d'accumulation de documents humains, commencé à l'aube des temps modernes, avec
la période des explorations et des voyages, suggère
peu à peu des projets d'une synthèse générale des ci-

---

1. Ce qui ne veut pas dire qu'Église et Parlement aient toujours été d'accord...

vilisations, ou d'une Science de l'Homme vu à travers les âges, et considéré en ce qu'il a de divers et aussi d'assez permanent. Quelle vision d'Encyclopédie... Mais justement une telle vision d'ensemble prête à la théorie, même au rêve — et c'est pourquoi tant de rêves s'épanouissent à cette époque, au milieu d'un tel désir de science. Il y a des idées justes, dans le nombre, car le principe est bon : le goût de l'observation se développe, et, de plus en plus, la notion se fait jour, que l'expérience est la seule base de toute vérité. Les sciences de la nature s'enrichissent, parallèlement à l'Histoire, de tout ce qu'on observe ou qu'on rapporte des continents lointains; la connaissance de la faune et de la flore se précise avec celle des climats; l'homme lui-même apparaît en relations plus étroites avec la nature qui l'entoure : on s'explique mieux son genre de vie, ses coutumes, ses idées, les institutions mêmes et les croyances de certains peuples, quand on se rend mieux compte du milieu où ils vivent, où ils ont vécu. Cette théorie des « milieux » — comme on l'a appelée —, cette explication corrélative de l'être vivant et de ce qui l'entoure, est une conception bien moderne : elle revient à admettre que tout a une cause observable dans la Nature et dans notre Histoire, sans qu'on doive recourir à l'hypothèse du miracle : tout, dans la vie des hommes, même dans les croyances qui occupent leur esprit. C'est ici que renaît la critique des dogmes, sur une base nouvelle : des dogmes et des croyances ? dites plutôt : des idées « relatives » à un temps, à un pays, à un milieu, et où il est donc inutile de chercher la preuve d'une Révélation. Allez voir en Chine si l'on y pratique les usages, les superstitions des chrétiens; et de même, allez demander aux Persans de Montesquieu si l'on a chez eux les mœurs parisiennes; ou au Huron de Voltaire, si tout ne lui est pas chez nous un sujet d'étonnement. Tout cela, affaire d'habitude, donc, question de milieu, vous dis-je : ô relativité des idées humaines ! Rien n'est plus faux que l'intolérance : ceci condamne le fanatisme; telle est la conclusion de la sagesse.

La tendance politique : nos philosophes contre l'Église et pour la « Liberté ».

Dans cette philosophie, l'amour de la vérité entre pour une bonne part; mais, pour une aussi large part, le plaisir de rabaisser l'Église romaine. Elle n'apparaît plus que comme une religion parmi tant d'autres, et même la comparaison — s'il faut en croire nos libres penseurs — ne tourne pas souvent à son avantage. Quel thème à railleries impertinentes, que de pouvoir donner en exemple à nos théologiens les Sages de la Chine, de même qu'à une cour infatuée les mœurs pures et intelligentes d'Ispahan — quand ce ne sont pas celles de Hollande, d'Angleterre ou de Prusse — ou encore l' « ingénuité » narquoise d'un sauvage d'Amérique ! Il y a bien là une nuance d'utopie — lorsque de telles oppositions deviennent sincères, ce qui sera de plus en plus fréquent. L'utopie consiste à supposer ailleurs, avec un parti pris d'optimisme, tout ce qu'on déplore de ne pas trouver en Europe, et particulièrement en France, et plus particulièrement encore dans la France de Louis XV. Où cela, ailleurs ? Dans l'antiquité, au temps des patriarches, ou même dans le présent mais sous d'autres cieux, sous le palmier de *Paul et Virginie*, ou plus près de nous, à Potsdam, en ces « banquets de Platon » que nous vantait Voltaire, ou à Saint-Pétersbourg, chez la « Sémiramis du Nord ». Comme c'est curieux ! plus la pensée s'éloigne de la France et de son sot régime, soit dans le temps soit dans l'espace, plus tout s'éclaire en perspectives riantes, où l'on n'aperçoit guère qu'un aimable « genre humain ». Là-bas, là-bas, c'est l'espérance, c'est l'âge d'or — l'âge d'or des premiers temps, l'âge d'or qui peut renaître — sur la ruine des dogmes et des lois injustes, de la tyrannie et du fanatisme, de tout ce qui opprime et divise la bonne humanité... Où donc est-il, l'impitoyable sceptique qui ne croyait à rien ? Il n'y a plus qu'un rêveur. Et l'on aperçoit maintenant que tous ses efforts de critique, dirigés contre le régime, contre ses lois, contre ses dogmes, avec les arguments de l'Histoire humaine, ne tendaient qu'à faire surgir de cette même Histoire la vision d'un nouvel état de choses, satisfaisant pour le philosophe.

Ceux qui font une belle carrière et qui ne parlent pas tant de révolutionner : sérénité pontificale de Buffon.

Dès lors, moins il est satisfait du régime, plus il s'octroie ce rêve d'avenir et s'en sert pour humilier ses ennemis. Au contraire, ceux qui se sentent à l'aise sous le gouvernement de Louis XV, ceux qui font, comme on dit, une belle carrière, chargés de titres et d'honneurs, se contentent plus volontiers du présent. D'ailleurs, c'est aussi affaire de tempérament. Voyez Montesquieu : il a sa façon d'être mécontent, de vivre à l'écart, de méditer un état de choses meilleur — et cette façon n'est pas la manière un peu tapageuse de Voltaire, pour qui le paisible Montesquieu n'avait pas grande estime. Voyez encore Buffon : celui-là de même a voyagé au dehors, en Suisse, en Italie, en Angleterre, mais il n'en revient que pour devenir dans son pays un savant officiel, pour attendre — assez peu de temps — la place d'intendant du Jardin du roi. Dans ces conditions, on ne s'engage pas trop avec les « philosophes » de *l'Encyclopédie;* on promettra son concours, mais si les affaires se gâtent avec les autorités, on se retire. Du reste, on songe surtout au travail sérieux, on s'entoure de collaborateurs, on suscite l'intérêt des amis de la science, hommes du monde, hauts fonctionnaires; cela ne va pas sans pontifier un peu, jusque dans son style : on s'épuise à la tâche, mais on on a la satisfaction d'être « quelque chose » — en même temps que « quelqu'un », car on fait une œuvre d'immense labeur avec une raison classique qu'un Descartes n'eût pas désavouée. On laissera, exprimées en bon français, quelques idées dignes de l'époque, dignes de l'Histoire naturelle qui déjà s'esquisse à travers une expérience multiple : des idées, en un mot, qui coordonnent déjà la diversité de la nature;

on aura parlé de la variabilité des espèces; on aura excepté l'espèce humaine, toutefois, de cette doctrine de l'Évolution : car on ne saurait aller jusqu'au Transformisme; que deviendrait alors l'origine divine de l'âme humaine, et la Providence ? et que dirait la Sorbonne, qui déjà menace ? Nous aurons plus de « raison » que certains « philosophes » en restant conservateur et prudent.

Le parti des Encyclopédistes : coquetteries avec l'étranger.

Tel n'est évidemment pas le point de vue de *l'Encyclopédie* : on y a rassemblé les intellectuels les plus frondeurs — avec quelques esprits sérieux; et vraiment, cette conspiration de novateurs contre les idées traditionnelles n'a rien qui rappelle la fondation de l'Académie par Richelieu. Est-ce un symbole de notre politique future ? on ne s'entend plus que pour démolir... On y réussit à tel point, qu'il en naît un joli tumulte, où l'on voit les Jésuites et les Jansénistes se mettre d'accord sur le dos des libres penseurs ; les premiers ne publiaient-ils pas un certain *Dictionnaire de Trévoux* — fameux en vérité — auquel l'*Encyclopédie* faisait concurrence ? La querelle se complique encore : car ces Jésuites, d'accord en cela avec la famille royale, sont les ennemis de la favorite, de la célèbre Pompadour ; les ennemis de nos ennemis sont nos amis : la voici donc du parti des Encyclopédistes. Et y voici même, pour une raison analogue, le rusé Frédéric II : quand son cousin le roi de France est si méchant pour les philosophes, comment ne leur offrirait-il pas sa bonne hospitalité ? Cela permettait du moins à d'Alembert, quoique secrétaire perpétuel de l'Académie, de faire savoir à Louis XV qu'il serait encore mieux traité chez le voisin. Mais cela permettait surtout à Frédéric de soigner sa popularité chez nous; la vanité naïve de nos philosophes était (si j'ose dire) un terrain favorable : l'illusion prussophile y germait si bien, qu'ils l'ont léguée à leurs descendants — depuis la génération de 89, avec Mme de Staël, jusqu'à d'autres dupes plus récentes du « libéralisme » de la Prusse luthérienne.

Le révolutionnaire Diderot « se prosternant aux pieds » de « Catherine le Grand ». Son erreur et son excuse.

Il est si humain de se laisser prendre aux cajoleries ! Ainsi Diderot chantant les louanges de « Catherine le Grand », une autre despote — qui ostensiblement l'avait aidé de sa bourse; oui, ce contempteur indiscipliné des grandeurs officielles « se prosternant aux pieds [1] » d'une si généreuse impératrice : quel comique spectacle... que nous a offert depuis lors plus d'un farouche Révolutionnaire « à principes » — pour peu qu'on ait su l'apprivoiser par un bon traitement. Comment ne pas comprendre un peu l'enthousiasme du crédule Diderot découvrant soudain, sur le déclin de sa vie médiocre, la « grande âme » d'une haute protectrice étrangère, quand on se reporte à ses dé-

_____

1. Le mot est de lui.

buts peu encourageants dans son pays natal, à sa triste expérience des autorités françaises ? Un de ses premiers ouvrages condamné par le Parlement, puis l'auteur lui-même enfermé à Vincennes pour sa *Lettre sur les aveugles*, enfin toute une existence pénible, des difficultés d'argent lorsqu'il s'agit d'établir sa fille : est-ce une situation pour un homme de mérite ? et soudain tout s'éclaire : l'aisance arrive — et ce n'est point, vous pouvez le croire, sous forme d'un don royal du gouvernement français; c'est une impériale munificence, une charité déguisée sous d'habiles marques de considération : quel soulagement pour le « Père de famille », et quelle satisfaction pour le philosophe ! Quelqu'un de grand s'intéresse à lui et au bonheur des siens, on le considère en haut lieu, on l'estime, on l'aime : qu'importe si ce grand personnage habite Pétersbourg, qu'importe même s'il règne par des moyens qui ne seraient pas ceux du philosophe, qu'importe si à vouloir convertir ce meneur de peuples on s'attire quelque réponse de cynique ironie [1] : je vous le répète, on est trop content de son hôte pour faire là-bas de l'opposition...

Mobiles bien humains des Révolutions.

Est-ce là vraiment ce qu'on appelle un caractère ?

1. « Avec tous vos grands principes... on ferait de beaux livres et de mauvaise besogne », lui répliqua en effet cette Allemande, si « philosophe » en principe, mais qui pratiquait en Russie le réalisme d'un Frédéric II.

Nous ne donnons pas Diderot pour un modèle d'élévation d'esprit, non plus que de délicatesse. Mais il n'a
rien de méprisable : il est le « brave homme » de la rue
— sinon par sa culture intellectuelle qui le distingue
— du moins dans son langage et dans ses sentiments;
l'homme « naturel » beaucoup plus que Rousseau;
l'homme du peuple qui prétend philosopher comme
tout le monde : vivent ceux qui nous font du bien, à
bas les « hypocrites [1] » qui nous veulent du mal ! En
fait de vertu, suivons notre nature : vive la vertu
quand j'ai de quoi vivre, beaucoup moins quand la
société me laisse mourir de faim — ainsi qu'il faillit
advenir à Diderot lui-même au temps de son adoles-
cence famélique. Évidemment, ce n'est plus l'austère
vertu selon ces « Messieurs de Port-Royal », mais une
vertu à la portée des Démocraties modernes, un esprit
de justice élémentaire qui consiste à « revendiquer »
d'abord pour soi-même : c'est en somme, sous la pa-
rure des « immortels principes », toute la philosophie
des foules qui feront la Révolution.

Les revendications des sens : « sensualisme » de la philosophie du dix-huitième siècle.

Il semble, d'ailleurs, que les philosophes du dix-
huitième siècle préparent l'esprit français, par leurs

---

1. Un « ramas d'hypocrites » : c'est ainsi, en effet, que Diderot
jugeait l'ensemble de cette société mauvaise, — si mauvaise
pour lui Diderot...

théories mêmes, à admettre cette revanche naturelle de l'instinct, à y chercher la source d'une réforme des idées. C'est ainsi, en effet, que les idées traditionnelles s'en vont, à l'instigation de quelques penseurs qui font « table rase » de bien des notions acquises, pour nous transporter aux temps de la « bonne humanité » primitive, de l'idyllique « état de nature » — sans s'apercevoir qu'ils remplacent les vieilles croyances par de nouvelles illusions. Or précisément, faire table rase des notions admises, des « concepts », même de la raison si chère à Descartes, et revenir à la sensation pure et simple, ne pas accepter d'autre guide, y voir notre seul moyen d'expérience, en alléguant que seuls nos sens nous renseignent sur le monde extérieur (ce qui est la vérité), mais, partant de là, incliner à croire que ces instruments donnés par la nature ne se trompent jamais et qu'en laissant faire à la machine humaine nous n'aurions point d'idées fausses : ne voilà-t-il pas le « sensualisme » de Condillac — ou de ses disciples ? et ces disciples, qui exagèrent encore les conclusions « matérialistes » de l'imprudent abbé [1], ne sont-ils pas légion au dix-huitième siècle parmi les adeptes de l' « esprit nouveau » ? Combien de ceux-là, pour qui le « sensualisme » est beaucoup moins une estimable théorie de la connaissance, une réhabilitation de l'expérience — de celle qui se fait par les sens — qu'une moins estimable théorie de la jouissance, une réhabilitation du plaisir — de celui que

______

1. demeuré, en principe, fidèle au spiritualisme.

l'on trouve par les sens également ! Nous ne méconnaissons pas le bon Helvétius et son immoralisme, qui était surtout la constatation assez clairvoyante des appétits humains [1], qu'à ses yeux il s'agissait seulement de savoir utiliser pour le bien ; nous rendons même justice au sensualisme un peu épais du baron d'Holbach, qui nous venait de Hildesheim : nous reconnaissons que Volney ne prêchait le retour à la « sensibilité », à sa loi primitive, que dans l'espérance de nous voir ramenés à de saines inspirations de sagesse, de justice, de fraternité universelle. Mais hélas ! le naturel ne mène pas toujours à la vertu : il y faut trop souvent l'autorité du législateur, outre l'habileté que réclamait Helvétius ; la suppression de toutes les tyrannies ne rend pas toujours l'homme meilleur, comme tendait à le croire un peu naïvement Condorcet : la Révolution est morte de cette illusion de ses débuts — car cette illusion trop libérale a rendu nécessaire la sanglante réaction de la Terreur, première dictature — et Condorcet en est mort lui-même.

L'apologie de l'instinct et le retour à la « nature » : Rousseau.

Comment s'arrêter par prudence, quand on glisse si mollement, depuis près d'un siècle, sur les pentes d'un laisser-aller qu'on idéalise, et qu'on finit par

---

1. philosophie fort réaliste, qui complète par anticipation le livre fameux de Le Dantec sur *l'Égoïsme, seule base de toute société*

appeler avec attendrissement le « retour à la nature » — dans tous les sens du mot, — à la bonne nature ? La « sensibilité » française est si bien en route vers l'utopie, qu'elle y entraîne la raison : et en effet, ce qu'on nomme « raison », dans le milieu encyclopédiste, ne sera bientôt plus que l'idéologie nouvelle. Elle entraîne aussi la morale : elle se persuade — cette sensibilité si indulgente pour ses propres instincts — que tout en elle est vertu, dès qu'on cesse de la contraindre par des préceptes et par des lois. C'est déjà Vauvenargues, un cœur si délicat, si vertueux, et qui prend « la sévérité en horreur », à tel point qu'il préfère « au mérite dur et rigide », un « esprit corrompu ». Et surtout, c'est Rousseau, c'est Jean-Jacques, l'homme « sensible », qui, avec autant de susceptibilité mais moins de délicatesse, oppose aux fausses vertus du monde une « vertu » naturelle où il puise le droit de tout faire. Car celui-là est le mécontent (il l'est de naissance), chez qui toute cause de mécontentement, par un besoin de consolation imaginative, devient source d'utopie : tout ce qui blesse son âme ulcérée — c'est-à-dire la société entière telle qu'elle est — il le condamne à disparaître : mensonge que tout cela, hypocrisie misérable (et il n'a pas toujours tort); ah ! si on laissait faire la nature — qui parle par la voix d'un Rousseau — comme tout irait bien ! Eh quoi ! l'on suivrait un peu plus ses passions : quel mal y aurait-il ? L'héroïne de *la Nouvelle Héloïse*, Julie si touchante de passion sous sa vertu raisonneuse, Julie fidèle à son époux qu'elle n'aime guère, ne la

souhaiterions-nous pas plus heureuse et moins fidèle ?
Ou du moins, ne souhaitons-nous pas une société
meilleure, où il y ait plus d'accord entre le penchant
naturel et la vertu ? *Émile* sera le citoyen de cette so-
ciété-là : Émile, élève de Rousseau, ou plutôt de la
nature, qui le dirige vers le bien sans le secours de
la morale, comme elle « révèle » Dieu au Vicaire
Savoyard sans le secours de la Révélation... Ici, notre
« homme de la nature » provoque une puissance qui
ne plaisante pas — qui plaisante bien moins que le
monde d'alors : l'Église. Attaquer la « corruption »
de ce beau monde au nom du sentiment, de la poésie,
d'un je ne sais quoi de vague, de violent et d'étrange,
qui apporte du dehors, à la France lasse d'elle-même,
comme une invitation à rêver : passe encore ! Dans ce
milieu brillant et blasé jouer le paysan du Danube,
ou le Huron de Genève, avec les prestiges enchanteurs
d'un talent consommé mais si souple et si entraînant,
avec toutes les subtilités d'un « sauvage » qui a de la
littérature et qui ne cesse d'en faire mais avec des
accents si émus, si nouveaux : n'est-ce pas le moyen
le plus inédit et peut-être le plus habile — pour un
homme « sincère » qui fait de sa sincérité tout un
art — de trouver le succès qu'il affecte de dédaigner ?
Mais s'en prendre à l'Église, qui reste — et qui restera
longtemps — presque la seule puissance organisée :
quelle imprudence ! elle vaut à notre Révolutionnaire une bonne condamnation devant le Parlement...
Seulement, quand il s'agit de saisir le condamné, on
fait en sorte qu'il échappe : n'est-il pas toujours des

accommodements avec la justice du roi — à la fois tracassière et indulgente, si sujette aux abus de pouvoir et si accessible aux intercessions, si autoritaire et si dépourvue d'autorité ? Notre « sauvage », point trop maltraité en somme, peut donc se réfugier en Suisse, dans la contemplation de sa chère nature : et le voici, enchanteur qui s'enchante lui-même, décrivant au bord du lac de Bienne ses *Rêveries d'un promeneur solitaire*, avec toute une musique véhémente de périodes somptueuses — où le douloureux sophiste déverse encore sur la société lointaine sa rancœur de proscrit. Même rentré en France, même toléré par un gouvernement qui ferme les yeux, ne sera-t-il pas l'éternel persécuté ? Il se le persuade au point qu'il en meurt — sans jouir de l'apothéose que déjà lui prépare cette société si frivole, si railleuse, troublée soudain par l'ardeur étrange de ce prophète passionné.

Idéalisation de la nature humaine... en une époque de perversion sensuelle. Espoir utopique d'un âge d'or prochain.

Phénomène bien humain : dans un milieu artificiel et assez dissolu, quelle ne semble pas la fraîcheur d'un appel à la « nature » ! quel succès de curiosité, d'abord, et quel délassement, quelle détente, quelle illusion de se rajeunir ! Mais ce n'est que déclamation nouvelle, qu'un départ vers l'utopie, ce n'est qu'une rhétorique moderne succédant à l'autre, à la rhétorique surannée de nos premiers classiques, c'est le

Sentiment selon Rousseau — après le Devoir selon Corneille — tous deux confondus bientôt par une Révolution dans l'image du citoyen idéal : car la « religion de la Nature » ne saurait ramener que le culte de la Vertu... Voilà quelles rêveries peut susciter la dissolution d'un régime, dans l'espérance d'un régime meilleur; on perd de vue cette réalité d'aujourd'hui et de demain : les hommes tels qu'ils sont. Et cependant, que de motifs de ne pas l'oublier — même en lisant les *Confessions* de ce bon apôtre de Rousseau, qui trouve pour ses impulsions les plus scabreuses une indulgence si touchante ! Et cette abondance de contes licencieux (entre tous le savoureux *Candide* sous la plume de ce fripon de Voltaire, autre prophète humanitaire et futur patriarche), comment nous dispose-t-elle à voir, d'après de telles peintures, l'humanité de tous les pays et de tous les temps ? Demandons du reste aux mêmes philosophes, ou à d'autres témoins de l'époque, ce qu'ils pensent de leurs contemporains : ils ne nous donneront jamais de ceux-ci une image bien idéalisée, sauf en ces effusions d' « amitié » qui sont dans le ton du jour. L'époque est justement réputée pour la perversité de sa débauche, pour ce raffinement d'une luxure vaniteuse, raisonnée, volontaire, qui fait l'originalité du roman des *Liaisons dangereuses* ; et aussi, pour certains chefs-d'œuvre de verve mordante, où les personnages ne sont évidemment pas tirés de l'imagination d'un théoricien — comme l'irréel Émile du philosophe de Genève. Que d'intrigants et de besogneux — hommes d'affaires et hommes de lettres

— que de spéculations sur la fortune et sur le vice des autres, que de financiers et de courtisanes [1] — dans tous les mondes — quel grouillement d'appétits, qui ne fait pas prévoir un « vertueux » âge d'or prochain ! Il suffit de songer au *Turcaret* de Le Sage — qui n'apportait pourtant pas à ce portrait de l'agioteur l'animosité d'un tempérament irritable et rancunier. Il ne détestait ici que le pouvoir corrupteur de l'argent, cet honnête Breton d'Alain-René Le Sage, dont la probité (qui n'excluait pas le sens pratique) donne au réalisme de son roman de *Gil Blas* une si franche allure, d'une ironie si aimable. Celui-là, par sa sincérité, par son talent de bon aloi, par son horreur de l'exagération verbale, peut servir de modèle à l'homme de lettres de tous les temps. Un autre modèle de perspicacité serait Beaumarchais — mais de perspicacité seulement : car pour les qualités morales, loin de nous la pensée de le comparer à Le Sage ! Cet arriviste bon garçon, révolté par occasion, intrigant plutôt que malhonnête, et que ses déboires mettent en verve aux dépens de la société qui le déçoit, quel type d'actualité ! Ainsi fouaillée par l'un des siens, raillée par ce *Figaro* qui se raille lui-même, cette société française, à la veille de la Révolution, se reconnaît dans la pièce à scandale, pièce à la fois cynique et vengeresse, où le spirituel auteur, trop parisien pour ne point mêler une pointe d'émotion à son ironie, est si douloureux en se jouant.

1. la *Manon* de l'abbé Prévost, ou bien naguère cette Ninon de Lenclos qui avait tenu salon — et presque école de philosophie.

Cette « sensiblerie », et l'influence des littératures étrangères sur la raison française.

C'est lui qui se hâte de rire « de peur d'être obligé d'en pleurer ». D'autres, sans pleurer, s'attendrissent, et ce n'est pas ce qu'ils font de mieux : car on sait que les larmes brouillent la vue ; et, dès l'instant qu'ils se mettent à donner dans la sensiblerie de Rousseau, ils ne sont pas près de voir clair dans l'avenir qui se prépare — ou qu'ils préparent eux-mêmes, malheureusement pour nous. Cette sensiblerie, d'ailleurs, n'est pas très française : elle nous vient du Nord — et ne nous apporte pas la lumière, mais plutôt une invitation assez mystique à rêver. Ce déplacement des courants d'influence en Europe, dans le monde intellectuel, est un fait à noter ; il accompagne, il suit, ou il annonce, des changements politiques de l'équilibre européen. C'est que le prestige d'une nation aux yeux des autres est associé le plus souvent à sa destinée de grande puissance. En vain l'on citerait la Grèce vaincue, imposant encore sa domination spirituelle aux Latins plus barbares : cette Grèce ne brillait guère plus que des restes de son passé, son génie classique au déclin ne devait plus servir qu'à orner le triomphe de ses vainqueurs, en attendant que les *Græcuti* de la décadence servissent à l'amusement de la société romaine. Et si l'hellénisme parut se survivre encore en Orient, s'il donna au monde l'illusion d'une Renaissance — d'ailleurs gâtée de myticisme et d'étrangetés décadentes — cette survivance n'était autre que le rayonnement d'anciennes victoires, que la suite de l'expansion hellénique depuis les conquêtes d'Alexandre. De même dans l'Histoire moderne, quand donc l'Italie, après une longue éclipse de son génie sous le flot triomphant des Barbares, s'est-elle réveillée pour une floraison d'art qui éblouit l'Europe? lorsque des Républiques indépendantes, des ducs fastueux, ravivèrent le goût des entreprises avec la fière hardiesse des « géants » de la Renaissance. Quand l'imagination espagnole, avec son idéal romanesque de chevalerie, exerça-t-elle toute sa séduction sur notre littérature? à la suite de cette période si glorieuse pour la puissance de l'Espagne — depuis le règne d'Isabelle jusqu'à celui des successeurs de Charles-Quint — au temps de ces guerres du seizième siècle, et du dix-septième encore, où elle s'épuisa du reste contre nous, mais en des combats qui ne diminuaient pas son beau renom d'héroïque vaillance. Puis c'est la France, la « grande nation » de l'époque, qui assume à tous les égards l'hégémonie sur nos rivaux. Aussi lorsque ces rivaux, surtout ceux d'Allemagne ou d'Angleterre, commencent à prendre, au siècle suivant, avec leurs sentimentales rêveries, une revanche insensible sur la « raison » de nos philosophes, que voulez-vous que cela signifie pour la destinée de la France — sinon que l'apogée prend fin? Il y aura, sans doute, une mutuelle pénétration d'idées, un échange entre nos voisins et nous; ils déversent sur nous leur « vague à l'âme » et ses brumes mystiques, et en revanche nous leur offrirons quelques-unes de nos idées claires —

mélangées d'utopies : nous leur apprendrons les grands mots de notre nouvel Évangile, entre autres celui de Liberté, qu'ils invoqueront ensuite contre nous pour chasser de leurs territoires l'armée des fils de la Révolution. Et alors, une fois rentrés en France après 1815, et encore plus après le nouveau désastre de 1870, c'est à flots continus que nos pères recevront ces influences allemandes — par la Littérature, par la Philosophie, par l'Histoire. L'explication est simple : nous la trouvons dans le développement de la puissance allemande, qui prenait sur les esprits la même autorité que sur la politique européenne.

Au dix-huitième siècle, c'est surtout l'Angleterre, victorieuse[1] de Louis XV et grande puissance mondiale, qui domine et qui rayonne. Elle plaît à nos beaux esprits par ses libres penseurs, ses Collins et ses Tindal, par ses philosophes soucieux d'expérience, ses Bacon et ses Locke (on pourrait plus mal choisir)[2], mais aussi, de plus en plus, par ses Milton ou ses Young, ses Sterne ou ses Richardson, rêveurs ou romanciers sentimentaux qui inspireront de même, en Allemagne, l'idéologie naissante du romantisme. Car c'est l'Allemagne, en fait, qui va profiter de cette insouciante négligence de nos traditions, de cet engouement pour les littératures étrangères et pour les songeries de sentiment... et dans cette Allemagne, c'est

1. Même déjà sous Louis XIV.
2. Bien que Bacon avec sa philosophie expérimentale soit antérieur d'au moins un siècle, on aperçoit la parenté de cet esprit avec les libres penseurs rationalistes de *l'Encyclopédie*.

la Prusse victorieuse de Louis XV, donc chère à nos philosophes, admirée d'eux pour le prestige de ses victoires et même pour le « libéralisme » de son roi — en attendant une autre admiration encore plus profonde envers la pensée et la poésie allemandes, l'admiration de Mme de Staël pour la patrie de l' « idéalisme », du désintéressement et de la vertu.

Cosmopolitisme humanitaire.

Cela n'empêche pas de vivre longtemps dans le mirage de l'ancienne puissance française, de s'apparaître toujours comme la « grande nation » prédestinée à éblouir l'Europe par les talents de son esprit — sinon par la gloire de ses armes. Les proclamations de nos philosophes au « genre humain », les appels de la Révolution aux peuples de la terre, ne procéderont-ils pas, pour une part, de cette illusion d'un orgueil toujours satisfait ? Tel est le rêve d'avenir de notre dix-huitième siècle. En même temps que pour l'utopie, on est parti pour la gloire — une gloire nouvelle, qui permet déjà aux Voltaire, aux Diderot, de traiter en égaux rois et impératrices, de faire accepter aux puissants, par la force des idées, l'autorité pacifique du philosophe — ou tout au moins de se l'imaginer. Tous les espoirs ne sont-ils pas permis ? En un désir éperdu de jouer enfin son rôle parmi les grands de la terre, de dire son mot dans l'Histoire, de faire bientôt, qui sait ? figure de législateur dans la République renouvelée de Platon, on se sent prophète, on s'attendrit sur soi-même

et sur une humanité qui enfin s'humanise, et l'on se
jette dans les bras de son ennemi en l'appelant son
frère, et l'on se prépare, même la noblesse, aux émotions égalitaires de la nuit du 4 août, et l'on fraternise
avec tous les Allemands qui viennent en curieux respirer l'atmosphère de cette France qui n'est plus tout
à fait l'ancienne France : ne se trouve-t-on pas entre
citoyens du monde ? C'est Grimm, fureteur et faisant
le critique important, dans l'intimité de Diderot ; c'est
le Suisse Gessner salué dans ses œuvres, dans ses fades
idylles, comme un des inspirateurs du nouveau génie
humain : pourquoi la République prochaine n'accueil-
lerait-elle point ces frères étrangers — même un
Klopstock converti peut-être par nos embrassements ?

**Où l'on discourt, complote et fraternise : c'est l'avènement
de la politique. Naïfs espoirs des idéologues.**

Pour l'heure, on s'agite et l'on parle : on veut savoir, on veut s'instruire — mais pour mieux rêver au
lendemain. On fait appel aux penseurs, aux savants :
gens sérieux tels que Marmontel ou La Harpe, Fourcroy ou Condorcet, réunis en un *Lycée* pour des confé-
rences un peu trop mondaines ; faux penseurs aussi
tels que Saint-Martin avec sa franc-maçonnerie mystique ; faux savants tels que Mesmer avec son magné-
tisme animal, ou cet aventurier de Cagliostro. Singulier mélange, en vérité : voilà qui est peu rassurant
pour le bon sens de ces éducateurs d'une société future... Du reste, ils ne seront pas seuls. On se partage les

rôles en prévision d'une petite catastrophe, que même les intrigants de la noblesse — comme un d'Argenson naguère — ne sont point sans appeler de leurs vœux en souvenir du Club de l'Entresol. C'est déjà le règne de la politique... Et puis viendront des hommes nouveaux : ce seront les plus féroces et les plus terribles, et ceux-là auront le dernier mot. D'ailleurs n'y a-t-il pas une grande part d'illusion pour tout intellectuel — quel que soit le succès de ses idées dans la critique du régime — à s'imaginer en idéologue qu'on sera le maître au lendemain d'une Révolution ? Ce n'est pas en ruinant les bases du pouvoir que l'on aura de sitôt, par la vertu des idées, une autorité aux yeux du peuple. Le pouvoir, s'il ressuscite alors, appartiendra aux habiles, aux démagogues intrigants qui savent manier pour la foule les idées des autres... mais non à ces « philosophes » eux-mêmes [1]. Les intellectuels de la Révolution — et bien d'autres dans les démocraties modernes — ont porté plus d'une fois la peine de ne pas l'avoir prévu. Si l'intérêt de l'autorité eût été de ne pas se priver de leur concours, leur propre intérêt non plus ne saurait jamais être de se priver si imprudemment d'un régime d'autorité.

---

1. Je ne parle pas de certains arrivistes fanatiques, qui n'ont du « philosophe » que l'idéologie : nous en avons eu sous la Terreur un fameux exemple en la personne de notre « Incorruptible ». Cette espèce de théoriciens sanguinaires, la Révolution russe vient d'en faire l'expérience à son tour ; il va de soi que leur dictature ne ressemble en rien au règne de l'esprit, tel que pouvaient le concevoir nos bons utopistes du dix-huitième siècle.

CHAPITRE III

3ᵉ ÉPOQUE : DE LA RÉVOLUTION A NOS JOURS : LES INTELLECTUELS SOUS LE RÉGIME DE L'OPINION PUBLIQUE.

ENTRE L'IDÉOLOGIE ET L'EMPIRISME

Ce dix-neuvième siècle, si troublé d'un Romantisme chimérique jusqu'en son âpre désir de Réalisme, — aussi bien en politique qu'en littérature — nous offre le spectacle d'une hésitation douloureuse entre ces deux tendances opposées, ou d'un mélange mal défini : et l'on dirait d'un enfantement laborieux, parfois génial, mais inachevé, dans la grande genèse de l'esprit moderne.

De l'idéologie à la Révolution.

Singulier idéal de rénovation, où se confondent parfois la science et l'utopie, la soif de connaître et le besoin de rêver ! C'est au dix-huitième siècle que cet étrange état d'esprit s'élabore, et il produit un immense événement de notre Histoire : la Révolution française [1]. Celle-ci — outre des causes financières —

[1]. Certains historiens nous reprocheraient peut-être de chercher des causes extraordinaires à cette Révolution française qui leur paraît si normale, si conforme au progrès « naturel » des peuples modernes. Pas si normale... quand on pense du moins à l'Allemagne, où s'est élaboré vers la même époque un germanisme de tendance contraire à nos immortels principes de 89 : il est vrai que les mêmes historiens ont parfaitement nié l'existence de ce phénomène — le Germanisme — jusqu'à la guerre de 1914, et même depuis. Pour en revenir à notre Révolution, il y a sans doute, en ses origines, des causes qui tiennent à ce qu'on peut nommer le progrès — progrès des idées scientifiques, donc antidogmatiques, dans la conception de l'Histoire, de la vie humaine, et même de l'organisation des sociétés : progrès qui, d'ailleurs, n'est nullement fatal mais qui s'est effectué à cette époque-là pour des causes intellectuelles précises, et qui, pour d'autres causes non moins précises, n'a pas toujours continué de façon aussi évidente qu'on veut bien le supposer... Mais il y a aussi, dans ces idées directrices de 89, une bonne part d'idéologie pure ou d'utopie, qu'on ne comprend pas bien sans remonter à la vie et à l'œuvre des philosophes « ancêtres » de la Révolution. — Pourtant leur idéologie, dira-t-on, s'est répandue et presque réalisée chez toutes les démocraties européennes. Certes, et cependant aucune, dans son passé, n'a rien d'équivalent à notre Révolution, qui s'explique par le tempérament propre de nos idéologues et du peuple français, ainsi que par les fautes de l'ancien régime — assez françaises elles-mêmes — donc, fait spécial à notre Histoire... Aussi notre Révolution de 89, tributaire du mouvement d'idées de l'*Encyclopédie*, a-t-elle eu dans le monde des effets très différents de ceux qu'avait pu avoir la Révolution anglaise du puritain Cromvell. Autre temps, autre peuple, autre état d'esprit. Et d'ailleurs, si cet idéal démocratique si « normal », si « spontané » chez les peuples modernes, s'est répandu à un tel point depuis 89 parmi les nations voisines de nous, quelle n'est pas, dans cette série d'évolutions, la part de notre expansion révolutionnaire, suivie de l'épopée que l'on sait ? Il reste qu'en faisant ainsi les distinctions essentielles entre des états d'esprit analogues (mais seu-

est issue en effet d'un mouvement d'idées, œuvre des
« philosophes » de *l'Encyclopédie* : de là dérive notre
Évangile humanitaire de 89, que l'on tentera d'imposer à l'Europe par l'inoubliable Épopée; et vers le
même temps, en Prusse, une crise intellectuelle assez
analogue provoque en sens contraire une réaction
d'État qui donne naissance au Germanisme... Ces deux
formes du mysticisme moderne — humanitaire chez
nous et autoritaire chez nos ennemis — avant de se
heurter tragiquement en conflits européens, eurent
donc une source commune, qui est, je le répète, un
certain mouvement d'idées.

Faut-il préciser ? Il s'agissait des éternels problèmes
politiques et religieux, remis en question par un
afflux de connaissances historiques, qui constituaient
de nouveaux moyens de contrôle, de critique, d'explication, au sujet de l'origine et de la nature de
toutes les institutions humaines. A la source, donc,
l'expérience, c'est-à-dire un ensemble de documents
et d'aperçus que l'on doit aux investigations de voya-
geurs et explorateurs de toutes sortes — mission-
naires, géographes, naturalistes — et qui donnent

lement analogues) dans notre démocratie et chez les autres, on
peut constater une tendance assez commune vers un certain
idéal dit « moderne ». Mais représente-t-il toujours bien le
progrès? Il y a, dans l'histoire actuelle de nos démocraties, tant
d'institutions qui ne dénotent pas toujours un progrès des idées
et de l'organisation scientifique, mais parfois une régression
vers l'anarchie. On peut constater, en tous cas, que République
ne signifie pas forcément bonne organisation pratique, et qu'à
cet égard c'est peut-être l'Allemagne impériale qui se serait le
plus avancée dans la voie du progrès.

une ampleur inattendue, en même temps qu'un caractère plus scientifique, à l'Histoire matérielle et morale des peuples de la terre : ce serait, dans l'ensemble, comme une Science naturelle des civilisations — et des religions. Que devient alors l'hypothèse du surnaturel, des miracles, d'une Révélation ? l'origine divine des dogmes et des lois ? le droit divin des royautés ? On prévoit tout ce que l'Église et l'État — celui de l'ancien régime — peuvent perdre à la propagation de ces idées : à moins que ce gouvernement d'autorité[1] ne s'adapte, et ne prenne en mains l'organisation scientifique de l'État modernisé.

Pareille évolution régulière est-elle possible en France, au moment même où elle va se produire en Prusse ? — Comment le serait-elle ? L'autorité est trop capricieuse et trop faible, trop peu capable de sérieux, pour convier nos penseurs à une collaboration raisonnable avec le pouvoir : et ceux-ci de leur côté se sont trop désintéressés du régime — et parfois de la France elle-même — pour collaborer à autre chose qu'à la gloire de la « philosophie » et des « philosophes ». Au contraire, l'existence des Universités allemandes, où déjà s'affirme le rôle national du professeur, surtout en pays luthériens, rend possible, là-bas, une véritable complicité des théologiens-philosophes avec la raison d'État : c'est une œuvre d'avenir qui lentement se prépare, avec un fanatisme contenu, pour la domination — et l'organisation aussi — de l'Alle-

---

1. autorité dont il n'avait plus guère que l'apparence...

magne et de l'univers. En France, autre état d'esprit, autre état de choses : d'une part la maladresse et l'incurie du gouvernement de Louis XV, d'autre part l'ambitieux amour-propre des intellectuels — qui n'ont d'ailleurs que trop de motifs d'être peu satisfaits du pouvoir —, expliquent, et justifient presque, un mécontentement qui a pour but de le renverser. Ainsi, ceux qui élaborent le savoir nouveau sont les mêmes qui se livrent à une critique acharnée du régime : fait d'une importance capitale dans notre Histoire. Les premières idées qui se dégagent de la Science moderne sont orientées chez nous, par des intellectuels mécontents, vers la critique d'un régime d'autorité — donc vers l'apologie d'un régime idéal où s'épanouirait la Liberté humaine. De ce désaccord entre nos « philosophes » et l'ancien régime sont nées toutes les utopies d'avenir, et même toutes les illusions présentes, qui devaient hanter notre politique depuis la Révolution.

De l'enthousiasme révolutionnaire à l'Épopée napoléonienne et au rêve romantique.

Qu'il y ait eu là, dans ces « grandes idées » modernes, une bonne part d'utopie, l'Histoire de cette Révolution de 89 (qui se réclame justement de Voltaire et de Rousseau) suffirait à le prouver. Les illusions pacifistes des théoriciens qui se flattaient (comme l'espérera encore un de leurs disciples) de « déclarer la paix » à l'Europe, et de s'entendre notamment avec leur chère Prusse libérale, digne patrie du « roi-philosophe », — ces rêves ont engendré bien des déceptions, surtout la surprise de plusieurs guerres, où il fallut revenir à une politique d'énergie. Leçon de réalisme, mais qui ne suffit pas à guérir de l'idéologie nouvelle. Que l'on passe, en effet, du songe doré de 89 au Comité de salut public et à la Terreur de 93, puis à la dictature du Consulat et de l'Empire : toujours on proclame — même Bonaparte — que l'on va rétablir sur la base des Immortels Principes la puissance française et l'équilibre européen. En fait, on n'aboutit qu'à une lutte continuelle, implacable, qui nous achemine, à travers de prestigieuses victoires, jusqu'au désastre de Waterloo. N'y a-t-il point là quelque chose de romantique, dans cette lutte épique du plus réaliste des héros révolutionnaires[1] contre un monde coalisé ? Aussi sa destinée tragique, sa tentative grandiose et vaine, ne cessera-t-elle de hanter le Romantisme... Et ce n'est en même temps que la suite assez logique de l'œuvre — un peu romantique elle-même — des philosophes du dix-huitième siècle, rêvant d'un irréel âge d'or où leur Idéal humanitaire régnerait entre les peuples d'Europe. Comme quoi tout s'enchaîne dans l'Histoire de ces deux siècles, malgré les différences de langage. Depuis la rupture des intellectuels avec l'ancien régime, depuis leur rêve uto-

---

1. Et dans sa prédilection pour les lectures romanesques, et même dans le lyrisme enflammé de ses proclamations à ses soldats !... Ici, c'était l'idéologie de 89, exploitée par ce général politicien, par cet aventurier de génie que fut Bonaparte.

pique d'un nouveau régime idéal, c'est, sous des formes diverses, et à travers des alternatives d'attendrissement pacifiste ou d'ardeur guerrière, le même rêve qui se prolonge : ou bien c'est une réaction aveugle, celle de 1815, « qui n'a rien oublié ni rien appris », et ne peut donc durer, ou les chimères des idéologues, ou l'obscurantisme de la réaction... A aucun moment on n'observe un habile accord entre les idées et le sens pratique, entre les intellectuels et le pouvoir : un accord tel, que le vrai savoir, la science sans utopie, ait sa juste part dans l'organisation de l'État. Et il est douteux que malgré l'exemple de l'Allemagne — devenue si puissante par une sérieuse utilisation des esprits — on voie de sitôt dans notre politique ce savant réalisme qui serait digne de l'intelligence française.

La réalité : le sort des idéalistes sous la Révolution.

Et pourtant, l'expérience de 89 était déjà peu encourageante, non seulement pour le régime issu de la prédication de nos « philosophes » — puisque ces illusions n'amenèrent que guerres coûteuses et dictatures —, mais aussi pour ces philosophes eux-mêmes, ou pour leurs disciples. Combien de candides idéologues tombèrent victimes de la démagogie qu'ils avaient inconsciemment instaurée ! Combien, après avoir tant rêvé d'une République selon Platon, avec le « vertueux Roland » et sa spirituelle épouse, ont fini comme eux sur l'échafaud parmi les huées de ce « bon peuple » dont naguère ils saluaient l'avènement [1] ! C'est le charmant poète André Chénier, « cœur sensible » s'il en fut, et qui jette l'anathème à ses bourreaux (qu'allait-il faire dans cette bagarre !). C'est le mathématicien Condorcet, victime de sa foi révolutionnaire en la bonté humaine, et qui se donna la mort pour ne pas la recevoir. Et encore, s'ils ont maudit sur le tard les conséquences imprévues — quoique faciles à prévoir — de la Liberté, ne fut-ce pas sans garder quelque illusion sur les Immortels Principes, au moment où eux-mêmes ils allaient en mourir? Tel est le pouvoir de l'utopie...

Ceux qu'il fallut bien utiliser : la réquisition des savants.

Toutefois, on avait trop parlé de raison, de science et aussi de belles-lettres, pour ne pas en afficher un certain souci : ce fut surtout pour s'occuper de l'Enseignement, le moderniser en y imposant l'usage du français — ce qui n'était pas un mal — et y introduire l'esprit révolutionnaire — ce qui relevait de la politique. Quant aux savants, les circonstances donnèrent soudain à leurs travaux une valeur pratique de premier plan, dans la vie nationale, lorsque les imprudences amenèrent l'invasion, que celle-ci nécessita un sursaut d'effort, et que les organisateurs de la

1. Quant à Mme de Staël, future ennemie du « tyran corse », et si grande amie de la Liberté, si enthousiaste pour la Révolution, elle eut la prudence de se réfugier à Coppet quand elle vit les massacres de Septembre.

victoire durent « improviser » les industries de guerre (comme c'est resté l'usage). Qui oserait prétendre, en ces moments-là, que les savants sont méconnus ? Ah ! comme on les réquisitionne, comme on les somme de chercher, d'agir, comme on s'étonne qu'ils n'inventent pas plus vite, qu'ils ne soient pas plus nombreux... Heureuse Révolution, qui trouvait à son service les ressources intellectuelles de notre « grande nation », alors la première d'Europe par ses écrivains, ses érudits, ses corps savants — avec un Laplace et un Monge, un Lavoisier et des Berthollet, des Fourcroy, des Guyton de Morveau ! On n'eut pas de peine à réunir une pléiade de chimistes qui furent chargés d'inventions pour la défense nationale. Mais l'un d'eux, un des plus grands génies modernes, le fondateur de la Science expérimentale, n'avait-il pas le malheur d'être un riche fermier général de l'ancien régime — ce qui lui permettait du reste de subvenir aux frais de ses expériences coûteuses, et d'y convier les savants d'Europe en son célèbre laboratoire pour l'honneur de la France ? Lavoisier fut guillotiné : le Tribunal révolutionnaire pensait-il vraiment, selon le mot fameux, que « la République n'a pas besoin de savants »... de ces savants si utiles, auquel il avait fallu faire une si large place dans les comités et les commissions d'alors ? ou plutôt, tout en reconnaissant ces services rendus, ne partageait-il pas l'illusion égalitaire qu'après tout nul « spécialiste » n'est indispensable, qu'un savant quelconque n'est pas loin d'en valoir un autre, et qu'un grand chimiste se remplace comme un chef de bureau, — illusion assez chère au fonctionnarisme que nous avons hérité de cette première époque de démocratie ? Lavoisier eut en effet des successeurs, dont aucun pourtant ne l'a remplacé. Certains d'entre eux, plus heureux que lui, firent même une belle et longue carrière [1], mais quand la politique le permit : Malheur aux suspects... Aussi, parmi ses émules qui osèrent si peu le défendre, l'un des plus résignés avouait-il qu'en poursuivant son silencieux labeur pour le salut de la Révolution, il se demandait à son tour si le lendemain elle ne l'enverrait pas à l'échafaud.

Napoléon et le fonctionnarisme d'Université : ce qui en est résulté pour la Science française.

Des temps meilleurs pour les intellectuels — pour ceux du moins qui consentaient à servir le pouvoir — semblèrent revenir avec le rétablissement d'une autorité plus régulière : le nouveau maître, par un de ces gestes dictatoriaux qui se ressentaient de son passé révolutionnaire et qui faisaient penser encore aux brusques improvisations de 93, créa l'Université de France. C'est-à-dire qu'il unifia, centralisa dans les

---

1. De même l'illustre géomètre et astronome Laplace, qui se déshonora (un homme de sa valeur !) par l'arrivisme le plus servile pour rester sous tous les régimes un prince officiel de la Science : triste signe de l'invasion de la politique dans les « sphères intellectuelles » ; nous en connaissons de plus récents exemples...

mains d'un « grand-maître », qui fut d'abord M. de Fontanes, notre vieille Université de Paris avec celles de province, en y ajoutant — grande pensée du régime — des Lycées d'Enseignement secondaire, où l'on disciplinerait la jeunesse dans le culte des humanités, des vertus romaines, de la patrie, de l'empereur, au son du tambour. Comme il y avait désormais les départements, divisions à priori, où régneraient les préfets d'Empire, il y aurait aussi les Lycées, sorte de casernes pour la jeunesse, avec internat, censeur des études et professeurs-fonctionnaires. Une telle conception, symbole de la centralisation politique imposée hâtivement au pays depuis 1789 par des théoriciens, nous a été fidèlement transmise avec quelques autres partis pris de cette époque, et nous lui devons encore aujourd'hui cette institution désuète, encombrante, dispendieuse, de nos immenses Lycées à internat — avec leur personnel complexe de surveillants, d'économes, d'administrateurs. Nous lui devons aussi cette illusion — chère aux autorités centrales et au public simpliste — que tout savant d'Université n'est qu'un fonctionnaire, un professeur qui prépare des étudiants aux examens ou aux « concours » (encore une conception vétuste [1]). Nos pauvres

---

1. Elle pousse à l'entraînement de véritables « phénomènes » (j'allais dire, de « bêtes à concours ») entre 17 et 25 ans, mais permet ensuite la carrière la plus paresseuse avec un avancement régulier — même dans l'enseignement supérieur, dans ce métier de savant, où il n'y a progrès véritable que par la « production ».

Facultés des lettres et des sciences ont bien souffert et souffrent encore de cette étroitesse de vues chez tous les gouvernements qui se sont succédé depuis lors ; centralisation aveugle, mesquine, et, par suite, pour les organismes provinciaux, manque d'indépendance et de ressources : telles sont les causes de l'insuffisance notable de nos Universités, comparées à celles d'Allemagne, où le développement de la Science et même de l'érudition [1] a eu de si prodigieux effets pour l'organisation de la puissance nationale. Mais il en va de ces Facultés françaises comme de nos gares et de nos bureaux de poste — surtout ceux d'hier — et de la propreté de certaines villes, et même de l'état de nos plus grands ports, — quand on n'a jamais vu mieux : il faut avoir voyagé pour concevoir des réformes (et quelles réformes !) de nos Administrations. Malheureusement pour nous, la moitié de l'Europe s'en doutait (je ne parle pas des pays latins), et avec elle une bonne partie de l'Amérique : ce n'est pas notre système qu'on y avait adopté. Je n'oserais dire — avec cet Américain de comédie — que la France est un vieux, très vieux petit pays si charmant, avec ses vieux monuments, ses vieilles œuvres d'art, ses vieilles institutions, tous ses vestiges du passé : mais en tout cas, la conception officielle de la Science universitaire date de plus d'un siècle.

---

1. A quelles besognes d'information ou de propagande documentée n'a-t-on pas fait servir par exemple les « sciences » historiques en Allemagne !

**Succès de la Littérature politique : l'abus des discours,
la presse, le goût du théâtre.**

Par bonheur — ou par malheur (car il en conçoit
une vanité bien trompeuse) — un peuple si brillamment doué a toujours assez d'esprit pour se faire au
moins illusion. A défaut du savoir qui s'acquiert, on
a le don inné de la parole et on en abuse. Aucune
époque ne s'y prêtait mieux que celle des premiers
enthousiasmes de la Révolution, où les « grandes
idées » voisinaient avec une telle inexpérience des
réalités européennes. On dit plaisamment que l'ignorance garantit l'impartialité : elle garantit, en tous
cas, l'assurance de l'orateur. Nous ne parlons pas,
bien entendu, des réalistes tels que Mirabeau, opportunistes d'ancien régime, égarés parmi les gens à
principes, — mais de ceux qui jouent les héros de
Plutarque (l'Incorruptible Robespierre) ou, plus simplement, les Horace patriotes et les Cinna républicains
de notre vieux Corneille, maître classique de nos rhéteurs révolutionnaires : Danton lui-même, vigoureux et
trivial, n'échappe pas à ce snobisme d'idéologue. Une
autre forme de littérature politique — puisque c'est
alors presque toute la Littérature — est le journalisme, dont l'influence ne fera que s'accroître : journalisme à idées, et surtout à idées d'opposition, au
temps d'un Rivarol, d'un Chamfort, d'un Camille
Desmoulins, qui ne sont pas tendres pour le nouveau
régime — dont ils furent parfois assez responsables

(témoin ces deux derniers) ; et d'autre part, journalisme de surenchère démagogique : ainsi *l'Ami du Peuple* de Marat. Cela aussi, nous le connaissons toujours... Ce qu'on nous inflige un peu moins aujourd'hui, ce sont, sur la scène, ces modèles de vertu civique — les mêmes que dans l'emphase des orateurs, — ce Corneille à la mode de la Révolution, cette Rome selon l'idéal du Directoire (ne pas confondre avec la réalité, où la vertu ne régnait pas tant). Les *Cincinnatus*, les *Caius Gracchus* et les *Timoléon*, purs héros antiques du théâtre de l'époque, et les odieux « tyrans » comme Philippe II, comme le Charles IX de Joseph Chénier, sont bien passés de mode ; et, quoi qu'on nous ait dit d'un renouveau cornélien pendant la Grande Guerre, espérons qu'il s'agit du véritable Corneille — et du meilleur. Mais il s'en faut, malheureusement, que le goût du théâtre — parfois même du mauvais, du théâtral en un mot — ait déserté les mœurs françaises. Qu'a-t-on changé en effet à ce régime de discoureurs, à cet abus des gestes et des mots, à cette fausse éducation de l'esprit public ?

Médiocrité de la littérature de guerre : comme quoi un certain recul est parfois nécessaire pour qu'on aperçoive la « poésie » des événements.

Quant à la Littérature proprement dite, elle n'a pas brillé alors d'un très vif éclat. Cette Révolution idéale que nos philosophes avaient — sinon appelée de leurs vœux — du moins amenée par leur propagande, parut moins idéale à plus d'un de leurs successeurs, quand on fut passé de la théorie aux faits. Si le pouvoir issu du bon peuple voulut bien s'associer au culte des prophètes défunts, tels que Rousseau et Voltaire (et pourtant, qu'eussent-ils fait l'un et l'autre dans cette mêlée ?), il marqua peu de respect pour les apôtres vivants — au point d'en envoyer quelques-uns à la guillotine. De toute évidence, cette première époque de démocratie n'était pas favorable aux esprits indépendants : le sincère mais si crédule Camille Desmoulins s'en aperçut avant de mourir. Valait-elle mieux pour les écrivains d'imagination ? Il est permis d'en douter. Quand l'heure est à l'action — à des actions aussi terribles que la Terreur, aussi sanglantes que les guerres de la Révolution et de l'Empire, — on se trouve moins tenté de la voir à travers les couleurs charmantes de son désir... comme on la voyait quand elle était à venir, ou comme on la verra quand elle sera du passé. Qu'on se le dise encore aujourd'hui à propos de la Grande Guerre. En d'autres termes, de tels événements, lorsqu'on les voit de près, ne se prêtent point à la littérature autant qu'on l'imagine à distance : ou bien c'est de la mauvaise littérature... Je ne veux pas médire de notre chère *Marseillaise* nationale, où un tel souffle anime la phraséologie du temps ; il en est d'elle comme des chansons de marche qui ont stimulé l'entrain des troupiers de Napoléon. Mais enfin, on était loin encore de la grande Poésie romantique, où retentira la trompette épique de Victor Hugo... quand la voix du canon se sera tue.

Que cette remarque console les bons Français attristés, qui s'étonnent de ne pas voir surgir de l' « enfer » actuel les poètes de la nouvelle « épopée ». Ils viendront peut être plus tard... pourtant je n'oserais prédire qu'ils auront le souffle de Hugo.

Renouveau d'opposition intellectuelle sous le premier Empire.

On rêvait tout de même çà et là — mais dans un autre sens — pendant qu'au loin la lutte faisait rage, de même qu'on n'avait point perdu, dans la société française, cette douce habitude de s'amuser. Les périodes de guerre n'ont-elles pas pour effet de stimuler ces réactions nerveuses — que suscite le besoin d'une diversion sensuelle ou imaginative ? Vit-on jamais, sous la troisième République, plus d'empressement au luxe et aux plaisirs que pendant la Grande Guerre ? Et quand rêva-t-on plus passionnément de Paix définitive, d'humanité meilleure et de confiance en nos ennemis une fois abattus ? Cela s'imprime aujourd'hui dans certains journaux, car l'opposition au régime — et à la guerre — n'a pas cessé de se faire entendre, malgré la censure, au nom de cette Liberté dont la seule évocation attendrit la volonté de nos gouvernants. Sous le Consulat et le premier Empire, l'opposition, pour être plus malaisée, n'en était pas moins sournoise — au contraire ! De temps à autre, un complot éclatait (complot royaliste, plutôt), ou bien quelques révolutionnaires impénitents devenaient indiscrets, et on les réduisait à l'impuissance ; d'autres, plus souples, s'adaptaient à la politique du nouveau maître, tout en se ménageant pour les éventualités de l'avenir (sait-on ce qui peut arriver ?) une politique personnelle : on reconnaît là Foucher et Talleyrand. Cette trahison latente est une des causes profondes de la chute du régime : trahison de politiciens (qu'on se rappelle certaines intrigues dans le Corps législatif), opposition même de maréchaux, de dignitaires, de parvenus désireux de jouir en paix (les naïfs !) des prébendes napoléoniennes ; trahison enfin — car n'en était-ce pas une ? — de certaine intellectuelle fameuse, qui avait gardé l'idéologie de 89 au point de manquer totalement de ce patriotisme instinctif que M. Louis Bertrand a appelé de nos jours « le Sens de l'Ennemi ». Au vrai, Mme de Staël ne pardonna jamais au Consul, à l'Empereur, de n'avoir point accepté auprès de lui une pareille muse de la pensée, et, comme elle s'amusait à jouer les conspiratrices avec Bernadotte, de l'avoir éloignée de Paris sans plus de façons. C'en était trop ; elle alla promener en Allemagne ses talents dédaignés — et ses charmes — en compagnie de Schlegel, dont le romantisme antifrançais l'illumina littéralement : et l'on songe à Voltaire, séduit par les tendres invites du « roi-philosophe », en haine du régime de Louis XV. Mais au moins la lumineuse intelligence de Voltaire gardait assez d'ironie pour n'être point dupe de la métaphysique allemande comme la rêveuse Mme de Staël, qui n'eût certes pas écrit le spirituel pamphlet de *Candide*. Elle écrivit le livre *De l'Allemagne*, qui était l'apologie d'un germanisme intellectuel que Voltaire eût raillé encore, et aussi le plaidoyer d'une prussophilie politique[1] qu'il partageait déjà. D'ailleurs, ce Germanisme de la romantique Allemagne, elle ne l'apercevait qu'à travers ses illusions d'idéologue, de luthérienne, et d'ennemie de Napoléon, comme un idéal de pure pensée, de vertu candide et de libéralisme. Ce n'est pas celui-là que nous avons vu à l'œuvre en 1914, et même cent ans plus tôt...

De nouveau la revanche des imaginations : l'influence allemande et le Romantisme.

Dans ces songeries à l'écart de l'action, se prolonge le rêve déjà romantique du « Moi » de Rousseau — inspirateur de tous les cerveaux mécontents. Nous avons vu poindre dès le dix-huitième siècle, et même avant, l'aube de cette réaction imaginative contre une réalité jugée décevante. C'est un afflux d'aspirations vagues, et, en ce sens, une revanche des idées troubles sur la pensée claire. Notre classicisme perd son autorité[2]... A la faveur du relâchement simultané de

1. Prussophilie qu'elle avait bien manifestée déjà, sous la Révolution, quand elle souhaitait avec les républicains de la même école — par une aberration criminelle — voir la couronne de France passer à un duc de Brunswick ou à un prince Henri de Prusse.

2. Il la garde encore dans les formes de notre Enseignement officiel, qui en a fait une froide rhétorique traditionaliste :

la raison et de la puissance françaises, la pensée allemande et l'Allemagne elle-même peu à peu s'affranchissent de notre hégémonie. Lessing notre élève infidèle et jaloux, Klopstock le « barde » germain, commencent à insulter notre esprit, nos mœurs, notre société « corrompue » et décadente. Quelle exhortation au « génie » allemand, invité avec une si grossière outrecuidance à se passer de nos sages leçons ! Aussi n'y a-t-il point manqué : toute la mystique violence d'un délirant orgueil, méditant d'imposer ses visions à l'Histoire et à la Science, et de « régénérer » l'humanité déchue, s'exprime déjà dans la philosophie romantique — avec une volonté tenace qui se sent capable des réalisations laborieuses. Or, le sens profond de ce dangereux Romantisme échappera au nôtre, qui va lui demander pourtant des inspirations. On n'y verra chez nous qu'un idéalisme transcendant qui se perd dans une sentimentale rêverie. Ne l'a-t-on pas admiré chez l'idyllique Gessner, chez Bürger, poète de la passion fatale, chez Gœthe enfin, créateur du *Werther* de tous les cœurs douloureux ? Cette Allemagne romantique qui va deve-

tout ce qu'il faut pour dégoûter de ce faux classicisme tous les « jeunes » en mal de romantisme ; aussi, avec quel enthousiasme prêtèrent-ils main-forte — de leurs poings juvéniles — au fameux triomphe de *Hernani* sur les pauvres néo-classiques qui prétendaient accaparer le théâtre !... Quant aux modes — également dites classiques — du Directoire et de toute l'époque révolutionnaire, avaient-elles été beaucoup plus qu'un vêtement à la grecque ou à la romaine, sous lequel il ne fallait pas chercher l'esprit de notre « grand siècle » et son bel effort de raison ?

nir avec Mme de Staël la seconde patrie de tous les rêveurs, la distingueront-ils bien de l'Angleterre de Young et de celle de Shelley ? Ne se confondra-t-elle point pour eux, de plus en plus, avec je ne sais quel mystérieux pays idéal, dont portent en eux l'image, par une obsession maladive, les disciples de Rousseau ?

Notre Romantisme. Cette sentimentale rêverie des imaginations mécontentes fait suite au besoin d'utopie des intellectuels du dix-huitième siècle.

Le Romantisme français offre donc les symptômes d'une revanche des imaginations mécontentes. Elle a d'abord pris la forme — sous l'ancien régime — d'une idéologie subversive, où s'insinua peu à peu la sentimentale mélancolie de Jean-Jacques. Alors, avec un reste de prétentions classiques dans le style oratoire, avec des réminiscences de rhétorique cornélienne, et d'autre part avec tout un romantisme d'utopies attendrissantes, on se mit à proclamer les Droits de l'homme méconnus : et cela fit une Révolution. Or, cette Révolution tant souhaitée ne tourne pas bien pour les idéologues — non plus que la dictature encore révolutionnaire de Bonaparte. C'est donc un peu à l'écart du nouveau régime que le rêve romantique s'épanouit avec une ardeur accrue de toutes ses déceptions... mais en subissant toujours, qu'on le veuille ou non, l'influence des idées de 89, et aussi de l'épopée napoléonienne qui en dérive. Les uns, qui méconnaissent cet enchaînement logique, condamnent ceci au nom de cela — telle, Mme de Staël — et souhaitent au nom de la « liberté » la chute du « tyran ». D'autres, qui préparent au contraire une Restauration de l'ancien régime et de ses croyances, protestent aussi, à leur façon, contre le grand rival de leur propre gloire. Mais tous ces ambitieux mécontents sont hantés par le prodigieux destin du conquérant révolutionnaire. Quelle ne sera pas cette hantise pour la nouvelle génération, quand la chute de l'Aigle et le retour des Bourbons feront mieux apparaître la sanglante Épopée sous les couleurs idéales du souvenir, quand la campagne d'Italie, l'expédition d'Égypte. et même le calvaire de la Grande Armée, avec le désastre de Waterloo, prendront des aspects de légendes, auréolées de toute la poésie que l'on cherche en vain dans le présent !

Ce Romantisme s'assimilera donc plus ou moins l'idéologie de 89, et surtout, rétrospectivement, l'Épopée napoléonienne qui en dérive.

Alors, après l'effondrement de 1815, dans cet état de tristesse où se trouve plongée la France héroïque et vaincue, quel épanouissement du songe romantique, cherchant dans sa nostalgie du passé — ou dans ses espérances — de chimériques consolations ! A la rêverie de Rousseau, toujours teintée d'idéologie, comme il paraît séduisant à distance de rattacher désormais les souvenirs flatteurs de la « grande époque », par-dessus les mauvais souvenirs de 93 et du militarisme impérial (on n'y était pas, ou l'on était si jeune...). Des illusions sur le passé, des illusions encore sur l'avenir, n'est-ce point, depuis le dix-huitième siècle, le lot de nos intellectuels, de nos « philosophes », transformés en rêveurs par dépit d'un régime ou d'une réalité présente qui ne les satisfait pas ? Ce dépit douloureux, dans l'état de malaise d'une France lasse et meurtrie, a pris les proportions d'un véritable « mal du siècle », et engendré chez nous le Romantisme.

1ᵉʳ Aspect : Bonaparte et l'ambition romantique. La gloire littéraire à défaut de l'autre. Chateaubriand.

●Déjà sous le premier Empire, dans la mesure même où ce régime de police et de fonctionnarisme un peu sommaire mécontentait nos idéologues et nos rêveurs ambitieux, l'imagination se donnait libre cours « au-dessus de la mêlée », ou au loin — pour plus de prudence — en Suisse, en Italie, en Orient. C'est Mme de Staël se réfugiant à Coppet, avec son Benjamin Constant... ou quelques autres ; c'est le jeune Lamartine, mélancolique voyageur, allant s'asseoir sur des ruines dans la solitude de la campagne romaine — après Chateaubriand — et s'enchanter aussi du coloris splendide des paysages napolitains. Quand on n'agit pas, et que dans le monde il n'est bruit que de luttes grandioses, il faut bien que l'imagination travaille, il faut que l'on cherche des diversions à l'ennui de ne rien être. Ah ! ce n'est pas le génie qui manque au jeune ambitieux méconnu : ne se sent-il pas au moins l'égal de l'Autre ? « Bonaparte et moi, sous-lieutenants ignorés »; écrira l'auteur des *Mémoires d'Outre-tombe* avec une immodestie magnifique... Ce Chateaubriand, simple secrétaire d'ambassade, qui de Rome part soudain pour la Grèce, pour Jérusalem — comme l'Autre était parti pour l'Égypte — ne va-t-il pas chercher dans des « Paysages passionnés [1] » un saisissant contraste avec la gloire militaire du grand rival ? En Allemagne, la guerre terrible fait rage : c'est Iéna, c'est Friedland ; là-bas, au bord de l'Eurotas, le noble vicomte plaint ses fatigues en se reposant sous les lauriers-roses [2]... La France a pu changer de maître : mais l'ambitieux rêveur n'est pas plus satisfait de la gloire méprisante de Napoléon, que ne l'était le « philosophe » de la dédaigneuse indifférence de Louis XV. Ce n'est plus Voltaire allant se consoler auprès de Frédéric II, mais c'est le plus grand des romantiques cherchant consolation dans un lointain décor qu'anime son rêve. — Que valent en effet les caprices de la fortune ? N'était-il pas, lui plutôt, capable de satisfaire à une destinée merveilleuse ? La voix intérieure ne le lui a-t-elle pas dit, au cours de son enfance triste et méditative dans la solitude du morne château de Combourg ? Pendant ces jeunes années si pauvres d'événements et si riches

1. selon le mot qu'emploie, à d'autres propos, M. Gabriel Faure.

2. Cf. GABRIEL FAURE, *Paysages littéraires.*

de songes, où les tempêtes d'équinoxe, la chanson du vent de mer, et le passage des oiseaux migrateurs sur l'étang vers l'automne, composent pour un cœur impressionnable une poésie mystérieuse, ce n'est pas en vain que l'on a vécu sous le ciel gris de Bretagne, ardent et désœuvré dans un vieux manoir, avec une compagne étrange qui ne cesse de penser durant le jour à tous les fantômes de la nuit. Ce n'est pas en vain que l'on s'est apparu si longtemps comme le souverain juvénile de cette royale solitude peuplée de songes, et peut-être comme le dominateur prédestiné du monde véritable que l'on ne connaissait pas encore. A défaut de la place éminente dont un usurpateur vous prive, n'a-t-on pas le domaine du « génie » pour régner ?

2° Aspect : Espoirs de rénovation ; l'arrivisme romantique vers 1830. Chateaubriand politicien.

Avec ce « génie » romantique, François-René de Chateaubriand fait siens tous les grands sujets qu'il touche en son impatience de s'affirmer dans le monde. Il les romantise — à commencer par le Christianisme, dont il donne, dans un livre fameux, une interprétation poétique, imaginative, vaguement inspirée de la mysticité de Rousseau. Il romantise aussi, en des évocations somptueuses, la vie errante des *Martyrs* à travers les décors mythiques de la Grèce romaine ou de la Batavie barbare, vers le déclin du paganisme. Puis, quand il promène sa mélancolie parmi les vestiges de l'ancienne Hellade, c'est pour nous faire apercevoir la Grèce moderne à travers sa vision romantique de l'antiquité : et je ne suis pas bien sûr que notre politique soit enfin revenue de cette charmante illusion, principe d'un généreux « libéralisme » que la reconnaissance des nouveaux Hellènes n'a pas toujours justifié. On voit que le noble vicomte donnait lui-même — et l'un des premiers — dans certaine idéologie libérale que le dix-neuvième siècle presque entier a hérité de la Révolution. Eh ! dans quelle idéologie n'eût-il pas donné s'il y avait aperçu quelque intérêt pour sa gloire, sauf à manifester dans ses habiles compromis cette majesté condescendante qui est le propre de son hautain « génie ». Il est curieux d'observer comme ce grand ambitieux de la littérature sait se faire opportuniste : si âpre est son désir de jouer un rôle effectif sur un théâtre plus réel, sur la scène de la politique européenne. Après avoir frondé « Buonaparte », il siège naturellement, sous la Restauration, à droite dans la Chambre des pairs — mais tout en y menant campagne pour le respect de la Charte, pour les libertés : l'avenir n'est-il point de ce côté-là ? Il le croira d'autant plus après 1830, quand la monarchie de Juillet aura méconnu ses exceptionnels talents d'homme d'État : il se tournera vers Armand Carrel, vers le bonapartiste Béranger (qui l'eût cru !), il prédira l'avènement de la démocratie : tout plutôt qu'une vaine royauté dont François-René de Chateaubriand, la gloire des lettres, n'est même plus ambassadeur !

René Lote.   10

Le poète Lamartine et l'apothéose éphémère de 1848.

Lamartine aussi considérait le « génie » comme sa vocation, et quelque chose lui disait qu'un jour il jouerait le premier rôle en Europe. Quelqu'un même le lui avait prédit, une Anglaise illuminée qu'il rencontra dans le désert de Palestine, lors de ce voyage d'Orient qu'il avait entrepris à son tour pour imiter l'Autre — et cet autre, pour lui, c'était surtout Chateaubriand. Le moment n'était-il pas venu de passer à l'action ? Le poète aristocrate se réveille député, orateur humanitaire, toujours poète d'ailleurs, et plus que jamais en route vers la divine *Utopie* [1]. Il se voit déjà, « Bonaparte de la parole », présidant aux destinées de la France. Il lui faut une Révolution. Et soudain, le rêve devient réalité... et la réalité dure quatre mois, pas davantage : car elle ressemblait trop à un régime de rêveurs, cette République de 48 selon Lamartine, pour durer beaucoup plus qu'un rêve.

L'autre poète démocrate de 48, celui qui fait une belle carrière : Hugo ; un exil qui mène au Panthéon.

Décidément, ces Républiques d'idéologues ne durent guère, ou bien elles tournent mal. Dans la première, celle de 1789, les généreuses illusions du début aboutirent au régime sanglant de la Terreur et aux

1. Titre d'un de ses poèmes.

désillusions de la dictature, et à combien de guerres !
La seconde République, celle de 1848, porte au pinacle,
et presque aux nues, le nébuleux Lamartine, mais
ses projets de réforme sociale trouvent des réalisa-
teurs autrement vigoureux que ne pouvait l'être le
doux poète de *Jocelyn* : avis aux idéalistes égarés dans
la politique, et qui se flattent d'exercer, par le prestige de l'Idée, une véritable autorité spirituelle sur la
démocratie qu'ils encouragent. Il y aura toujours des
démagogues qui, sans « penser » autant, connaîtront
mieux, d'instinct, les mobiles de la nature humaine,
et qui pratiqueront l'art de s'en servir : la brève histoire des ateliers nationaux de 48 est là pour nous
édifier. Bien entendu, c'est le peuple qui paya les
frais de l'expérience — car après les folles imprudences de la démagogie vient l'heure de la répression
nécessaire, ou bien (comme en 1914) de l'inévitable
catastrophe. Cavaignac, ce général-dictateur de la République de 1848, se chargea de la répression, en attendant un nouveau Bonaparte, qui avait sur tous ses
rivaux l'avantage du nom. Et ce fut le second Empire ; d'où, fureur des idéologues, comme au temps
du premier : car si le glorieux oncle avait trouvé
grâce à distance, rétrospectivement, auprès des mécontents de la Restauration, Louis-Napoléon n'en
trouva plus quand il fut devenu à son tour le
« tyran ».

Ainsi, cette deuxième tentative de nos « intellectuels » a échoué de même que la première, mais ils n'en
gardent pas moins vivace, dans leur imagination, le

rêve de la démocratie idéale dont ils eussent été les guides inspirés. Cela donne à penser qu'ils sont incurables : tel Lamartine jusqu'à son dernier jour... Hugo, l'autre grand romantique de la démocratie, a trop de tempérament et de vigueur pour se retirer de la lutte gémissant et blessé : sa retraite même sera une feinte retraite, une manifestation théâtrale sur un rocher qui évoque celui de Sainte-Hélène, et d'où l'on peut encore impressionner la foule — pour revenir un jour, plus heureux que l'impérial proscrit. Chez celui-là, l'imagination prodigieuse, la grandiloquence, est soutenue par une forte nature assez sensuelle, et par l'ambition pratique du « bon bourgeois » libéral qui veut devenir par les idées quelque chose comme un tribun de la démocratie. Mais le tribun de 48 n'avait pas toujours été si démocrate : sous la Restauration il n'était encore que poète, et poète « conservateur », comme le dit le titre d'une Revue littéraire où il encensait Chateaubriand. « Être Chateaubriand ou rien », écrivait déjà l'écolier : car ce demi-dieu du Romantisme, avec le dieu de la gloire militaire, pouvaient-ils ne pas être ses deux idoles ? Pourtant Napoléon lui-même, non plus que la Révolution, n'avait pas toujours été l'objet de son culte. Il faut donc reconnaître que les idées du génial Poète suivirent tout bonnement la mode, le courant qui entraîna les « jeunes », après 1815, à regretter peu à peu le régime des « Immortels principes » et de la gloire, par opposition à la fadeur du régime restauré. Aussi, lorsque l'enthousiasme pour la libération de la nouvelle Hellade s'empara des cœurs romantiques, notre Hugo fut naturellement au premier rang. Liberté, mirage d'Orient, Bonaparte en Égypte : quelles évocations ! nos « philhellènes » partirent ; le poète, qui resta, au lieu de mourir comme Byron, se consola en écrivant *les Orientales*. N'était-il pas déjà la grande voix du Romantisme, c'est-à-dire de l'Idéal nouveau ? Il venait de consacrer la « révolution » littéraire, au théâtre, avec la Préface de son *Cromwell* : prélude de la Révolution politique qui mettrait le poète à sa place dans la cité future. Il le crut si bien, qu'en 48, après l'éphémère apothéose de Lamartine — qui lui porta ombrage — il attendit son propre avènement avec la Présidence de Louis-Napoléon : il se serait contenté, mon Dieu ! du portefeuille de l'Instruction publique, comme un bourgeois qui fait une « belle carrière » ; d'ailleurs, il n'était pas trop tôt que l'ordre se rétablît : vive le nouveau Bonaparte, qui réprimerait l'anarchie... O désillusion ! celui-ci n'est qu'un usurpateur, un sombre tyran qui médite d' « étrangler » la Liberté, et d' « étouffer » la voix du tribun. Tant pis : ce n'est pas la première fois qu'un régime odieux méconnaît le génie ; on sera l'exilé, la protestation vivante, le remords, le symbole, le drapeau (car on n'est pas pour rien le rhéteur épique du Romantisme) : et Napoléon le Petit, tremblant devant la grande conscience du sublime proscrit de Jersey, craindra son *Châtiment*. On se grandit dans la solitude : on domine l'Océan, le présent, le passé, les siècles, et, comme on est toujours poète et quelque peu visionnaire, on écrit leur *Légende* : qu'elle soit une Bible évocatrice des temps héroïques, conçue par le génie en tête à tête avec Dieu ! Il n'y a, on le voit, dans cet exil théâtral, rien de perdu pour la réputation : on reviendra pendant le Châtiment — qui est, hélas ! l'Année terrible — préparer son triomphe en la nouvelle République, qui prépare elle-même le triomphe de la Démocratie nouvelle dans la voie du Progrès. N'y a-t-on pas sa place, comme une manière de grand prêtre de l'Idée, ou, si vous préférez, de grand-père spirituel et attendri ? Aussi voit-on les choses de haut et avec complaisance, de son Olympe où le poète « arrivé » respire l'encens qui monte... En somme, belle carrière, avec funérailles nationales et sépulture au Panthéon.

Certes, que justice soit rendue au poète, fort bien : nous ne pouvons, en principe, qu'applaudir à toute bonne entente entre les talents et le pouvoir. Encore faut-il que le talent ne verse pas, pour plaire, dans l'idéologie du jour. Or, qui oserait aujourd'hui prétendre que dans les splendides évocations de Hugo, dans son lyrisme humanitaire, il n'entrait pas une bonne part d'utopie ? Nous avons connu, au bout de ces élans éperdus, l'horrible chute de 1914, et d'autres « surprises » encore au cours de la Grande Guerre : ou plutôt ceux-là les ont connues, dont l'optimisme satisfait ne voyait qu'institutions idéales dans notre démocratie française... peut-être parce que, comme le « père Hugo », ils avaient été assez politiques pour être admis à y pontifier. Ce n'est pas ainsi que le pen-

seur prévoit les dangers, prévient des catastrophes,
rend service à son pays. Mais en suivant l'opinion
avec l'apparence de la diriger, il se rend service à
lui-même : car on écoute volontiers les flatteurs. S'il
se trompe dans ses prédictions optimistes, tant pis
pour les autres : il ne lui restera qu'à dire que « jamais on n'aurait pu prévoir »... Et comme la majo-
rité est dans le même cas, elle et son gouvernement,
ni l'un ni l'autre n'oseront lui donner tort.

**Ceux qui n' « arrivent » pas ; le refuge en la tour d'ivoire
et la poésie du renoncement.**

Ce type du poète-homme politique, et homme politique arrivé à une telle gloire officielle, est une exception, même à l'époque romantique. Les autres,
de tempérament moins robuste, n'ont pas manœuvré
dans l'idéologie électorale avec autant de savoir-faire.
Mais alors, quelle farouche retraite en un rêve exalté
— ou quel égarement morbide vers les fantaisies sen-
suelles ou imaginatives ! Ou bien c'est la tour d'ivoire
où s'enferme Vigny, cœur altier de soldat qui ne peut
combattre, de poète qui ne peut agir — et alors dédaigne — mais qui rêvait pourtant, comme son *Chat-
terton*, d'être au-dessus même des « pilotes » du
pouvoir le guide inspiré du vaisseau de l'État. Ou
bien c'est Musset, le pur poète romantique — le
plus classique par la finesse élégante et par la pénétration du psychologue, le plus maladif par ce relâchement de l'énergie et des mœurs qui fait pré-

voir les esthètes « décadents » de la troisième République.

D'un excès à l'excès contraire. Des hauteurs de l'idéologie au discrédit des idées.

Tout excès appelle une réaction. Encore ne faudrait-il point que celle-ci procédât par un excès contraire. L'abus de la mauvaise idéologie peut engendrer soudain une véritable horreur de toute idée, considérée comme funeste à l'action ; alors on ne veut plus connaître que la pratique sous sa forme la moins raisonnée, la moins intelligente : l'empirisme. Une réaction de ce genre se dessine pendant la Grande Guerre : parce qu'on avait abusé des vaines théories, voici qu'on nous annonce un tel retour aux besognes dites utiles (comme si les autres ne l'étaient point), qu'il semble que le technicien, le contremaître, doive tenir lieu de savant dans la France de demain. Conception simpliste et proprement « primaire », dont l'Allemagne pourtant si pratique s'est bien gardée pour son compte : ce n'est pas en effet à l'industrie de faire progresser la science, mais à la science de faire progresser l'industrie. L'Université française se méfierait-elle à ce point de toute culture intellectuelle... pour s'en être fait trop longtemps une notion idéologique et fausse! C'est un peu l'histoire de la réaction « réaliste » en face des exagérations romantiques : des rêveurs ont, par leur exemple, discrédité la pensée ; dès lors on ne veut plus voir que les faits. Excellente chose, tout comme ce retour à la pratique qu'aujourd'hui l'on nous préconise. Mais encore, ces faits. ne faut-il pas en chercher le lien, la logique naturelle, donc coordonner son expérience, réfléchir ? Non, vous dis-je, fuyons les idées, elles nous ont fait trop de mal : soyons des « réalistes », ouvrons les yeux, notons des impressions, des détails — si nous écrivons; soyons des « empiristes », exerçons-nous, ayons la pratique, le savoir-faire — si nous agissons : Est-il tant besoin de penser ?

L'affectation de réalisme.

En vérité, cette réaction de « Réalisme » contre l'idéologie romantique a vite pris l'aspect d'une mode opposée. Il y eut deux écoles, l'une, la nouvelle, prenant le contre-pied de l'autre, s'exagérant même jusqu'au *naturalisme* comme pour être plus sûre de ne pas revenir au mal de rêver. Serait-ce qu'au fond l'on n'en était pas très sûr. et que le Moi romantique se cacha longtemps encore sous ces évocations colorées, pittoresques, ardentes, qui faisaient diversion au rêve inavoué ?

1° Où ce prétendu Réalisme se ressent toujours du romantisme :
a) car il y a un « réalisme » à la manière romantique.

D'ailleurs ce faux Réalisme passionné, riche d'impressions vives, étincelant et bariolé. un peu décousu selon le caprice de l'émotion, nous le trouvons chez tous les évocateurs des éblouissants prestiges de l'Empire : chez Hugo embrassant d'un coup d'œil de poète « Madrid, le Kremlin et le Phare », et le pacha du Caire « et ses chevaux numides » — qui font avec « Pyramides » une rime si merveilleuse ; nous le reconnaissons aussi dans ces tableaux de notre passé barbare puis moyenâgeux où « une couleur locale » — souvent imaginaire — est le premier souci de l'historien romantique : tels les *Récits des temps mérovingiens*, de l'agréable conteur Augustin Thierry ; telles encore les descriptions à la Walter Scott, et *Notre-Dame de Paris*, roman « historique » de Hugo, et les *Mousquetaires* de Dumas, et plus tard — avec un art plus savant — le *Charles IX* de Prosper Mérimée ; enfin, le même souci du pittoresque un peu étrange (et ce goût de l'étrangeté est justement une preuve de romantisme), ne l'observons-nous pas dans ces Paysages, ces Pastels ou ces Barcarolles, dans ces *Émaux et Camées* du peintre et poète Théophile Gautier ?

b) de même qu'il y a du romantisme chez nos grands « réalistes ». Stendhal, Balzac.

Mais nos pseudo-réalistes n'avouaient pas toujours leur arrière-pensée romantique. Quelle affectation de matérialisme, par exemple, chez ce cynique ambitieux d'Henri Beyle ! Et du reste, en vérité, quel sens réel de l'observation — surtout dans l'étude des caractères — ce qui fait de « Stendhal » un des mai-

tres classiques du roman. Il est en même temps,
ce matérialiste, disciple d'Helvétius et des « sensua-
listes » du siècle précédent. Et cela nous prouve que
le nouveau réalisme se rattache, pour une part, aux
idées scientifiques de *l'Encyclopédie :* de là une tendance, chez les grands romanciers du dix-neuvième
siècle, à se rapprocher des sciences d'observation, à
nous décrire l'Histoire naturelle de la société de
leur temps. Ici, on s'éloigne du romantisme... Il y
en a bien encore, pourtant, chez le héros de Stendhal — ce Julien Sorel qui pourrait s'appeler Henri
Beyle, et qu'hypnotise la gloire de Bonaparte. Il n'en
manque pas non plus chez maints héros de Balzac —
car ils sont de l'époque —, et chez Balzac lui-même,
ce prodigieux lutteur qui semble se débattre contre
un monde, et le maîtriser chaque jour pour recommencer le lendemain : monde de difficultés matérielles, d'abord, car celui-là est l'homme de lettres
qui vit de sa plume, exploité par la société bourgeoise sous les espèces du libraire. Combien n'a-t-on
pas vu d'écrivains — même de savants — réduits à
publier des livres « alimentaires », comme fit Balzac
en rédigeant, que dis-je? en imprimant lui-même à
bon marché un Molière et un La Fontaine! Aussi la
question d'argent occupe-t-elle tant de place dans ses
romans si vigoureusement observés. D'ailleurs, s'il
ne fit pas fortune — malgré tout ce qu'il gagnait
quand vint la renommée —, il aurait pu s'en prendre
à lui : ayant gardé, comme bon nombre de ses con-
frères de lettres, ses vieilles habitudes de bohème.

avec un besoin de luxe fort légitime mais qui dégénérait alors en achats extraordinaires d'œuvres d'art, au point qu'après une année de magnificence il se plaignait de ne plus trouver l'argent d'un timbre pour écrire à la Hanska. Ce mouvement prodigieux de sa vie d'athlète — d'un athlète jovial, expansif, content de lutter, mais qui en est mort avant l'âge — emplit l'œuvre touffue et grandiose de ce grand maître du roman. S'il lui manque souvent, dans les idées générales, le discernement, la belle raison, et même la clarté qui sont le propre du classicisme, du moins dans la peinture intense des mœurs, des passions, des mobiles secrets de notre nature, il a de ces vues pénétrantes qui tiennent de la science et du génie. Il aime l'énergie, il la sent, il la devine, jusqu'au plus profond de ces fortes machines humaines qu'il choisit de préférence parce qu'elles lui ressemblent — mais sous quelle diversité de figures ! — et qu'il meut toutes ensemble comme un créateur. La puissance de ses conceptions n'ôte rien à la minutie du détail : précis, varié, truculent, il évoque Rabelais ; psychologue, il rappelle La Bruyère et les moralistes du dix-septième siècle ; encyclopédique, il contient presque tout le dix-huitième. Il rêve un peu, çà et là, avec Swedenborg, avec la métaphysique allemande (signe du temps !); mais en somme, l'action l'entraîne — l'action et la création : il voit, il anime, et cela vaut mieux que de rêver... Et pourtant, malgré son immortel génie, qu'est-il de plus, dans cette France du dix-neuvième siècle, qu'un homme de lettres un peu aventurier[1], opulent et toujours besogneux, avec quelque chose — par moments — de l'industriel enrichi (car c'est le mot et c'est l'époque : « enrichissez-vous ! »), enfin, le type d'un héros de ses romans ? Comment l'œuvre de cette vie puissante mais désordonnée aurait-elle, aux yeux de ses contemporains, la vertu d'une leçon ? Il ressemble trop à son époque pour la dominer. Son réalisme n'est qu'un fidèle miroir qu'il promène sur la société française, qui n'y reconnaîtra ses défauts qu'en souriant.

2° Où ce « Réalisme » si passionné affecte pourtant de ne plus l'être. Attitude impassible de Flaubert.

Quel enseignement, tout de même, que cette Histoire naturelle d'un milieu ! Quelle démonstration de la nécessité d'une sage discipline, que Balzac va d'ailleurs chercher dans des principes surnaturels trop sublimes pour être à la portée des hommes, et dont, pour ce motif, ni sa propre vie ni celle de ses héros ne semblent être souvent la mise en pratique. Il y aurait à récolter de même une riche moisson de sagesse, par contraste avec les sottises, les passions, les tares ou les folies humaines, en lisant cet admirable réaliste de Flaubert. Mais n'est-il pas, lui surtout, l' « artiste » plutôt que l'éducateur ? La réalité, il s'agit pour lui de la peindre avec le détail frappant, la

1. et marié à une aventurière qui déshonore ses derniers moments — s'il faut en croire Octave Mirbeau.

couleur, le mot propre : c'est déjà beaucoup, car c'est tout un travail, tout un métier, qui ne s'en appellera pas moins un art (le génie n'est-il pas une longue patience ?). Quant à faire intervenir l'auteur lui-même dans ses propres peintures, fi ! craignons alors quelque méfait du vieux Moi romantique... On voit combien ce « pur » Réalisme reste hanté par le souvenir du Romantisme, au point que sa façon de le fuir le montre présent sans cesse. Il a beau s'en défendre... Ne soyons pas dupes des attitudes, ni même des meilleures intentions. Personne ne l'a mieux montré que M. Ernest Seillière, dans ses pénétrantes études où il suit à la trace le rêve romantique depuis Rousseau, sous toutes ses formes idéologiques ou au contraire pseudo-réalistes jusqu'à nos jours [1]. Un tel rêve impénitent mais qui n'ose pas toujours s'avouer,

1. Œuvre d'une actualité toujours vivante, qui rend compte, comme nulle autre, de l'idéologie contemporaine... Sur la folie pangermaniste en particulier, le clairvoyant auteur de *Mysticisme et Domination* vient de nous donner un *Chamberlain* où se reconnaît son érudition vraiment unique sur ces sujets. D'avoir vu, d'autre part, ce qu'il y a pareillement d'utopie envahissante et dominatrice, d'impérialisme « romantique » en un mot, jusque chez les adversaires de tout impérialisme, dans leur rêve « humanitaire » si intolérant parfois : voilà qui est d'un psychologue et d'un moraliste. Comment nier en effet, aujourd'hui, que deux mysticismes (avec leurs deux folies contraires, d'espèce si différente) — là pour une hégémonie nationale, et ici au nom de la Démocratie universelle — sont aux prises pour la domination du monde moderne ? Si au moins le conflit sanglant de ces deux rêveries collectives faisait mieux sentir, par contraste, le prix de cette sagesse qui s'appelle *le Sens des réalités !*... (Cf. notre ouvrage du même nom.)

qui se cache, qui se redoute, ne l'aperçoit-on point dans la nature même de ce « Réalisme » de roman et dans le choix des sujets ou des personnages — évocations carthaginoises de *Salammbô*, hystérie romanesque de *Madame Bovary*, et le bon jeune homme de *l'Éducation sentimentale* : ô souvenir des utopies de 1830, de celles encore de 48 ! Ici Flaubert se plaint d'être méconnu : cette peinture des vices et des folies humaines n'avait nullement pour but de les encourager ; l'artiste était trop brave homme pour n'avoir pas, au fond, les meilleures intentions du monde — et passionnément : car nul n'a plus que lui la faculté d'enthousiasme, nul n'est plus emporté que cet « impassible », nul n'est plus imaginatif que cet observateur, nul n'a plus d'idéalisme généreux (sauf à la mode humanitaire) que ce « réaliste » en littérature. Mais c'est aussi pourquoi sa fougueuse ardeur déborde malgré lui et se transfuse en ses tristes héros, communique à leurs vices et à leurs sottises mêmes, à leurs niaiseries extravagantes, et surtout à leur neurasthénie perverse, une vie intense et — disons le mot — comme un attrait romantique. N'est-ce pas cet enivrant attrait qui a valu à *Madame Bovary* tant de succès dans les imaginations — un succès de lecture malsaine, en dépit du sérieux de l'auteur ? Et comment donnerait-il au public une impression contraire, l'idée d'une leçon morale qui se dégage ? En littérature, vous n'avez plus devant vous le « bonhomme » Flaubert avec ses idées, ses sentiments, ses passions (il le croit du moins par instants), mais le pur « artiste » au réalisme impersonnel, dépeignant les passions des autres avec un geste hautain qui semble dire : « Voilà la vie, je n'y suis pour rien »... Et pourtant si : il y est bien pour quelque chose, dans cette façon de ne voir en la vie qu'un étrange et curieux spectacle assez triste en somme, que l'honnête homme écœuré doit s'astreindre à contempler avec une ironie impassible, sous peine d'être dupe lui-même des illusions romantiques qui mènent le monde.

En somme, faux Réalisme de ces rêveurs désenchantés, de ces « impassibles » : pessimisme, immoralisme, dilettantisme.

Alors, si l'on ne maudit l'illusion — comme contraire à toute réalité — que pour maudire aussi la réalité — comme décevante pour toute illusion — où chercher désormais une base de sagesse ? En d'autres termes, si l'on ne revient au réalisme qu'en désabusé, ironique et triste à jamais, désespérant d'y trouver autre chose qu'une distraction à son perpétuel ennui, qu'espérer d'un réalisme pareil ? tout au plus une curiosité errante de sujet en sujet, le goût des images frappantes, des impressions rares, des notations singulières : et l'on se dispose à visiter en amateur, en curieux, tout le bric-à-brac des Goncourt, avec une prédilection pour ce qu'il y a de moins noble dans les individus, pour ce qu'il y a de plus vil dans les bas-fonds sociaux (la vie est chose si im-

morale, si écœurante : n'est-ce pas, Flaubert ?).
Étrange « réalisme », en effet, qui exagère les vices et
les laideurs (comme s'il en était besoin !) pour mieux
marquer son désenchantement : cette réalité, semble-
t-il dire, « ce n'est pas le rêve » — le rêve romantique
auquel on pense toujours ; elle l'est si peu que nous
ne lui demanderons, désormais dédaigneux et impassibles, qu'un spectacle de couleurs changeantes, de
formes qui passent. Observons-les sans raisonner,
sans conclure ; l'art, comme la science, n'est plus
que curiosité...

**Toujours le discrédit des idées : une « curiosité » qui ne
forme pas l'esprit ; impressionnisme, empirisme à courte
vue.**

Ne faudrait-il pas dire alors : empirisme au jour le
jour, passe-temps de dilettante plus ou moins artiste, plus ou moins érudit — empirisme toujours ?
Cueillir çà et là, noter pour noter, est-ce vraiment
comprendre ? et quand même ces notations ou ces
notes, bien classées, mises en ordre comme savaient
le faire les Goncourt, constitueraient de sérieux « documents » sur certaines particularités d'une époque,
un tel travail de documentation n'est-il pas condamné
à demeurer bien stérile, si l'on se défend de coordonner les faits, d'en dégager la logique, les lois, donc
aussi les leçons ? Il ne s'agit pas d'y introduire des
idées *a priori*, mais d'en tirer des idées justes (ce qui
n'est point la même chose) : de trouver dans cette

expérience matière à sagesse. Comment le demander à ces empiristes dont l'attitude n'a d'autre motif que le discrédit des idées après les excès de l'idéologie romantique ? Ne leur parlez plus, à ces « réalistes », de redevenir, sur les voies du réalisme, des penseurs — qui penseraient un peu mieux que les rêveurs de naguère. Non, ils ne veulent plus être, par réaction, que des « curieux » qui promènent çà et là, d'un air détaché, leurs regards ironiques d'observateurs précis. Voir, constater, même goûter avec un certain plaisir, chercher le fait, la sensation, l'image — et rien de plus — noter sans tirer des leçons, oui, noter, c'est bien le mot : à cela se borne ce réalisme élémentaire... comme aussi la vaine érudition qui nous a envahis. Celle-ci est une parodie de la science, celui-là une parodie de la littérature. Ni l'un ni l'autre ne forment l'esprit.

En politique aussi, empirisme au jour le jour.

De cet empirisme superficiel et vain, n'y en a-t-il pas de même en politique, sous toutes les formes de notre faux « réalisme » ? Depuis les désillusions de l'âge romantique, nous avons trop connu en France cette revanche peu intelligente d'un sens pratique assez simpliste. Regardons encore autour de nous, consultons l'Histoire de ces dernières années de la troisième République. A toute tentative un peu réfléchie de raisonner pour prévoir avec sagesse, a-t-on cessé de nous opposer autre chose, sous le règne de nos politiciens les plus « réalistes », que l'argument du fait immédiat, conçu avec une sorte de sensualisme grossier, sans un effort pour penser, remonter aux causes générales, concevoir les grandes réformes et les vouloir ? On se contentait d'expédients : vous savez bien qu' « il n'y a que le provisoire qui dure »... C'était le règne de l'empirisme. Le fait pur et simple, vous dis-je, le fait du jour, l'affaire à arranger (pas d'affaires ! pas d'affaires !), l'électeur à servir, les grévistes à calmer, la complication diplomatique à craindre, toute grande entreprise à remettre à plus tard : voilà, n'est-il pas vrai ? ce qui s'appelle un programme d'action destiné à satisfaire les besoins présents du peuple souverain. « Des faits », des faits, et la préoccupation exclusive du bonheur immédiat de la démocratie : que de « réalisme », tout de même, dans la politique des « hommes d'État » de notre République... Ah ! il ne fallait point leur parler de ces théoriciens, de ces pédants, qui s'avisent de penser par eux-mêmes sans suivre l'inspiration de l'heure, qui étudient, méditent et comparent, et que le souvenir de l'imprévoyance passée rendait sceptiques quant à la prévoyance de l'avenir. L'empirisme régnait donc... et il règne encore : c'est un mal dont souffre nécessairement une société où l'on ne pense plus guère que selon la mode, selon les caprices de l'opinion — fluctuante comme les mouvements de la foule, — et où les gens sérieux, instruits, compétents, ceux qui savent et qui réfléchissent, ne sont que des « citoyens » comme les autres, ou bien — moins encore — de pauvres fonctionnaires sans autorité. Signaler les insuffisances de nos institutions, la mesquinerie d'une administration vétuste qui date du premier Empire, dénoncer la centralisation étroite et aveugle, vouloir changer quelque chose à l'existence de nos départements, avec leurs préfets doublés de sous-préfets superflus (pardon ! j'oubliais leur utilité politique), oser croire que l'on pourrait sans inconvénient diminuer le nombre des tribunaux d'arrondissement, et surtout des perceptions (mais ici encore j'oubliais les amis politiques à caser), imaginer des établissements plus nombreux et autrement modernes que nos « grandes Écoles » dites spéciales, avec cette institution désuète des concours, qui nous donnent beaucoup moins des spécialistes que des fonctionnaires dont la carrière scientifique est finie avant vingt-cinq ans, — ou enfin d'une façon générale, demander pour les choses utiles, telles que la Science ou la Défense nationale, un peu de l'argent que l'on gaspillait pour les choses inutiles : vaine espérance, vœux imprudents ! Et cependant, quel nettoyage et quelle réédification salutaire, dont quelques bons voyages à l'étranger démontraient l'urgence, pour peu que l'on sût observer et comprendre... L'empirisme de cette politique intérieure n'avait d'égal que l'impressionnisme de la politique étrangère qui en découlait — oui, ici encore, le souci exclusif du fait immédiat, la crainte du risque [1] (et d'une interpellation à la

____

1. crainte qui n'a pas conjuré la catastrophe, — au contraire...

Chambre), la routine — et même moins que cela :
une suite de velléités discontinues [1] et variables,
d' « impressions » aussi fugitives parfois que la
durée d'un ministère, ou que l'effet produit sur la
Chambre par un beau discours.

**Certes, le discrédit des idées... sauf de la vieille idéologie.
Tout un romantisme d'utopies chez nos politiciens
« réalistes ».**

Est-ce un empirisme [2] aussi mal averti, aussi peu
clairvoyant, aussi capricieux, qui, au nom de l'expé-

1. Des œuvres de longue haleine et de prévoyance, telles que
l'encerclement de l'Allemagne, et d'abord l'alliance franco-russe,
durent s'accomplir en dehors ou même à l'insu du Parlement.
Le vote des crédits pour l'armement était toujours un prétexte
à protestations démagogiques, et notre programme de préparation à la guerre s'en est ressenti. Le canon de 75 ne fut adopté
qu'en cachette. Quant à la loi de 3 ans, elle donna lieu à de tels
débats, que des mutineries dans certains régiments en furent la
conséquence ; cette agitation parlementaire n'avait pas cessé
quand la guerre éclata.

2. Cet empirisme à courte vue — qui est le contraire de l'esprit d'organisation, et de l'utilisation des compétences — a continué pendant au moins trois ans de la Grande Guerre, au mépris des douloureux enseignements de l'expérience. Nous avons
signalé les plus instructifs dans notre ouvrage sur *le Sens des Réalités, sagesse des États* (leçons politiques de la guerre). Un député,
rapporteur général de la Commission des Économies, M. Em-
manuel Brousse, a donné au *Journal*, en septembre 1917, un excellent article qui résume avec vigueur les mêmes insuffisances,
« routine », « incohérence », « gaspillages » : « Que de milliards
n'eût-on pas épargnés si, dès le début de la guerre, on avait
procédé méthodiquement, rationnellement et économique-
ment ! »

rience, pouvait s'opposer aux retours offensifs de l'idéologie? Bien au contraire : l'idéologie n'a jamais eu d'auxiliaire plus inconscient, plus naïf, que ce prétendu réalisme vide d'idées raisonnables, vide même de toute idée, par principe, et qui s'interdit de penser de réfléchir, donc de dissiper les idées fausses. Aussi, que d'utopies intactes chez ces faux réalistes — ceux de la politique comme ceux de la littérature, sans qu'ils s'en soient toujours doutés! Chez ces orateurs socialistes si soucieux de « faits matériels », de chiffres, de syndicats, d'intérêts, de salaires, quelles illusions humanitaires d'autre part, et, en matière de politique extérieure, quelles théories simplistes qui trahissent l'ignorance et l'irréflexion ! Combien de nos démagogues, qui ne se prennent pas pour des rêveurs et qui se flattent d'avoir la « pratique » des démocraties, ont gardé pourtant quelque chose des chimériques conceptions de Rousseau ! Chez presque tous ces « praticiens » de la politique, il y a un romantisme qui divague à certaines heures, ne fût-ce que pour des effets de tribune, ou bien dans « la chaleur communicative des banquets »...

Et de même en littérature : vieux fonds d'idéologie sous le « naturalisme » de Zola.

En littérature, ce vieux fonds d'idéologie sous un réalisme de façade, de pure attitude, a des revanches moins bruyantes : mais, avoué ou non, il n'en reste pas moins mêlé intimement à la vie intérieure de l'écrivain. Ne croyez pas toujours ce qu'il vous en dit : le « bonhomme » Flaubert, quand il se compose un masque de réaliste impassible, est un vieux romantique qui se guinde — et qui a peine à retenir les emportements de son rêve. Et dans le cerveau tumultueux du « réaliste » Balzac, quel romantisme de projets colossaux, contradictoires, aventureux ! Il y en aura bien encore, du romantisme, dans les *Evangiles* du « naturaliste » Zola — comme il y en avait déjà dans sa prose épique de *Germinal*... Du moins le naturalisme de Zola n'est-il pas dépourvu de pensée, voire même d'intention éducative : on voit d'ailleurs vers quelles utopies cette « pensée » prend son essor.

Ou bien le pur et simple impressionnisme : l'art pour l'art ;

Chez les autres « réalistes », chez les impassibles, c'est encore pis : on a souvent une impression de véritable néant intellectuel — et parfois ils cherchent visiblement à donner cette impression, ils y mettent une coquetterie d'impersonnalité. Que voulez-vous ? c'est l'art pour l'art, — doctrine de Flaubert, si l'on peut nommer doctrine ce qui n'a pas pour but d'instruire ; ou bien c'est l' « impressionnisme » des Goncourt (un morne étalage de « documents » humains) ; ou bien nous avons affaire à un vrai poète, à un Leconte de Lisle, et son imagination brillante orne au moins de couleurs somptueuses les lointains paysages ou les temps barbares où défilent des êtres prodigieux : puis l'étonnante vision disparaît ; autant en emporte le vent.

Le culte de la forme, la recherche du mot, de la sensation ;

Voyez, admirez, ne cherchez pas à comprendre. Jouissez d'une vive image chatoyante et fugitive, qui passe sous vos yeux éblouis comme l'aventureuse caravane des « conquistadors » de Herédia. Jouissez de la forme surtout – de la forme exquise et charmante, des mots si jolis, si précieux, de l'artiste Banville. Aimez avec Baudelaire le détail étrange et pittoresque, bizarre à l'occasion, malsain (qu'importe ?), macabre (cela change !).

Décadence de la raison, « décadentisme » littéraire ;

Ne sommes-nous pas tombés au régime capricieux de l'impressionnisme, au règne élémentaire de la sensation ? ô décadence, ou « décadentisme » — mot qui va devenir le qualificatif d'une école.

... Et le vieux rêve mystique se donne libre cours.

Mais croyez-vous qu'à vagabonder ainsi au gré de la sensation, l'on s'éloigne au moins du rêve ? Jamais, au contraire, on n'a donné plus éperdument dans le mysticisme, même le plus subtil de ces poètes de mots, de formes et de nuances, Verlaine, dont le vague à l'âme — surtout après boire — s'épand comme une poésie tendre et navrée sur cet éparpillement de choses incohérentes qu'est pour lui le monde extérieur.

Manque d'autorité intellectuelle. Démocratie et littérature : du penseur d'autrefois à l'écrivain d'aujourd'hui.

Ainsi, des impressions au jour le jour, des notations fugitives, une curiosité sans but ni profit, une hâte frébrile de toucher à tout — est-ce là tout le « réalisme » de notre époque agitée ? Et n'échappe-t-on chez nous au vieux rêve romantique (et encore !) que pour tomber dans cette vaine dispersion ? N'aurons-nous tour à tour que des idéologues et des empiristes, ou même les uns et les autres à la fois ? Pourquoi ne s'est-il pas trouvé, parmi ces « réalistes » de notre temps, l'écrivain de bon sens et de réflexion qui eût donné à la société française des leçons de tenue et de sagesse, avec toute l'autorité d'un de nos classiques du grand siècle ? Pourquoi ? songez à notre Histoire — non pas seulement à celle des faits politiques, mais à l'Histoire de la pensée française dès la veille de la Révolution. Et vous comprendrez que nos écrivains ont perdu depuis longtemps, dans la vie publique, l'indépendance d'esprit et l'autorité que possédait encore un Voltaire, et même un Rousseau vers la fin de sa vie.

Ceux qui dirigeaient l'esprit de leur époque : ceux qui reflètent la nôtre.

Des penseurs mécontents de la royauté ont préparé cette Révolution, lui ont fourni son programme d' « Immortels Principes » destinés à bouleverser le monde. Ils y ont mis une bonne part d'utopie, parce que cette utopie était la revanche de leur imagination sur le régime où ils n'étaient rien, l'espérance du régime futur qui leur donnerait une place d'honneur. Au moment où ils concevaient un si chimérique espoir, ces idéologues, ces « philosophes », étaient encore des précurseurs ; ce sont eux qui apportaient l'aliment spirituel aux autres mécontents, puis aux démagogues et même aux foules de 89 et de 93. Faut-il s'étonner de cette influence alors exercée par la littérature ? Mais la littérature, chez les Encyclopédistes, ne faisait qu'un avec le savoir : les écrivains étaient des penseurs, qui rattachaient leurs idées à un ensemble de connaissances étrangères et supérieures à l'opinion publique : on conçoit que de la sorte ils aient eu plus d'indépendance et d'autorité véritable pour la diriger. Ils l'ont dirigée vers des illusions, malheureusement, et c'est leur faute. En haine d'un régime d'autorité (d'ailleurs bien déchu) ils ont institué une autre puissance, cette opinion publique d'une humanité désormais « affranchie », dont ils se disaient les apôtres et espéraient demeurer les éducateurs. Les imprudents, les naïfs ! Leur

idéologie, avec la Révolution, passa dans le domaine
de la politique, et depuis lors les politiciens et les
foules se soucièrent bien de respecter dans les intellectuels les inspirateurs et les patriarches d'une idéale
République selon Platon ! Voltaire et Rousseau avaient
eu la chance de mourir : on les déifia. Mais les autres, ceux qui restaient... Ils l'avaient voulue, cette
première République : elle en envoya bon nombre à
la guillotine, justement les plus idéalistes, ceux qui
candidement rêvaient trop haut d'une humanité meilleure et d'une politique moins sanglante. Puis vint
le conquérant révolutionnaire, l'impérial dictateur :
celui-ci, qui n'aimait pas les idéologues (bien qu'il
le fût lui-même à ses heures ¹), leur offrit dans son
Université des places de fonctionnaires, ou la faculté
d'aller respirer ailleurs l'air de la liberté. Les plus
fameux, en effet, y allèrent de leur voyage en Suisse,
en Angleterre, en Italie ou en Orient. Ils y voyaient
une façon d'exhaler leur humeur contre le régime
(une vieille tradition qui datait de Voltaire), ou bien
de distraire leur romantique ennui : ce n'étaient
même plus des intellectuels, mais des rêveurs mécontents. Aussi, loin de chercher les satisfactions de
la sagesse, comme ils restaient hantés par les splendides images de la gloire du conquérant ! Chateaubriand ne pense qu'au grand rival, et à son propre
génie méconnu — à son génie d'homme d'État, voire
même à ses talents de politicien : et l'on verra l'in-

---

1. ainsi que grand liseur de littérature romanesque.

trigant vicomte se démocratiser vers 1830. Quel reflet des événements de leur temps, chez ces littérateurs ! Avec l'épopée napoléonienne, le rêve prodigieux des immortels Principes de 89, repris par la politique en vue d'une République nouvelle, domine toute cette production intellectuelle. Là c'est le « réaliste » Stendhal, jeune ambitieux qui cherche dans les lettres la consolation romantique de n'être pas un Bonaparte. Ici, c'est Lamartine, qui après avoir promené au loin sa tendre mélancolie, veut prendre dans la politique la place évidemment réservée au « génie » — avec les vieilles idées de 89, qui redeviennent celles du jour : hélas ! le pauvre utopiste est vite dépassé par le courant qui l'emporte. Ainsi, dorénavant, de tous ces « intellectuels » de la politique... Comment dirigeraient-ils l'opinion ? ils ne précèdent plus, ils suivent, ils reprennent avec quelques variantes les « grandes idées » de Liberté, de Bonté humaine, de Justice idéale et même de Paix prochaine entre tous les peuples ; or, ces « immortels » principes, voilà déjà quelque temps qu'ils le sont — si j'ose dire ; nous ne sommes plus, même en 48, au temps de leur prime jeunesse, quand les « philosophes » du dix-huitième siècle les énonçaient à l'intention d'un public qui pouvait s'en étonner encore ; désormais on connaît ce langage, on y est habitué, on en a parlé un peu moins sous la Restauration mais on en reparle plus librement sous la monarchie de Juillet, puis le second Empire ne fera que raviver ce rêve de 89, et enfin la troisième République tendra de plus en plus à le réaliser dans nos institutions. Que viennent faire des idéologues dans cet acheminement à la démocratie ? reprendre les vieux thèmes consacrés, répéter cent fois au public ce qu'il aime à entendre, exprimer les aspirations de leur époque sous une forme idéalisée, jouer aux représentants de l'opinion, en être les voix inspirées, les dévoués apôtres, et, comme tels, dire qu'on marche en tête — alors qu'on suit toujours. Non vraiment, ce n'est pas l'affaire des penseurs et des esprits indépendants. Voltaire était encore le « roi de l'opinion » — de cette puissance qu'il avait créée ; Hugo, au centre de son siècle, n'en sera plus que l' « écho sonore ».

Sans la raison classique, point de sagesse ni d'autorité.

Dès lors, ne demandez plus à ces écrivains d'apporter au public, par un savoir éclairé, sérieux, des leçons de sagesse ; et surtout, ne demandez pas au public de les accepter. Que le littérateur intéresse, distraie, amuse, ou étonne, ou enchante : voilà son rôle ; pas de choses ennuyeuses, pas trop d'efforts de réflexion. Crainte vaine ! car en général ces écrivains ne s'avisent guère de penser — sauf un Hugo, bien entendu, mais alors, quelle idéologie trop connue et quelles déclamations de tribune ! Ils suivent — sinon toujours l'opinion — du moins presque toujours les événements ; leur œuvre en est le reflet, soit qu'ils y trouvent matière à indignation ou à enthousiasme (et c'est le romantisme), soit qu'ils les peignent tels qu'ils sont mais sans en tirer la leçon morale (et ce n'est alors que le réalisme passif dont nous parlions). Ceux-là mêmes qui se mettent au-dessus de leur temps ne le font que par dépit d'y être trop peu de chose, et songent sans cesse, du haut de leur rêve, au rôle qu'ils auraient pu y jouer. Tout autre est l'attitude de nos grands classiques: bien plus désintéressée leur doctrine, bien plus objective leur expérience, bien plus réfléchi leur réalisme. Ceux-là observent et raisonnent en esprits indépendants: ils ne sont pas hantés par certains événements politiques, ni impressionnés par l'opinion; elle-même l'observation de la société qui les entoure n'est pour eux qu'une étude, un ensemble de cas plus précis dans l'observation générale de l'humanité. Ils regardent donc pour savoir — c'est le point essentiel, — et aussi pour comprendre, et enfin pour conclure. J'appelle cela de l'intelligence et du vrai réalisme — de celui qui ne s'absorbe pas dans la hantise de quelques faits présents ou dans l'éparpillement d'une curiosité sans but. C'est ainsi que l'on domine l'opinion et même les événements du jour, que l'on explique et que l'on juge les mœurs de son milieu. La « froide raison » d'un Boileau n'a cette envergure, cette puissance logique, cette force (que lui enviait en maugréant notre bon bourru de Flaubert), qu'à cause de ce haut mérite d'indépendance et de jugement. D'abord, « rien n'est beau que le vrai »: voilà un principe qui n'engendre pas l'utopie; admirez chez Boileau cet esprit scientifique en littérature. Vous n'en trouverez pas moins dans le réalisme

si bien raisonné du perspicace La Bruyère, ou chez
l'audacieux auteur de *Tartufe* et de tant d'autres
peintures si vraies — d'une telle vérité humaine
qu'elles seraient à elles seules une école de sagesse :
tout comme les Fables de La Fontaine, où la morale
n'est autre, encore une fois, que du réalisme mis en
préceptes, que des leçons à l'intelligence...

Médiocrité intellectuelle de certaine littérature d' « observation ».

N'en demandez pas tant, de nos jours, à l'innombrable littérature d'observation, à ce roman dit réaliste qui pullule depuis Balzac. Quand il échappe au
romantique ou au romanesque (et encore si rare-
ment !), à l'influence de Rousseau et de Chateaubriand, quand il n'offre plus l'aspect douloureux et
passionné de l'*Oberman* de Sénancour ou de l'*Adolphe*
de Benjamin Constant, quand il ne s'affadit pas dans
l'idylle champêtre et la sensiblerie humanitaire de
George Sand, quand il dépeint sans prétentions l'histoire naturelle d'une société, alors n'attendons guère
de lui que le scrupule du mot propre [1] et de la chose
curieuse, avec quelque vague impressionnisme : notre
esprit n'en recevra rien de plus.

---

1. Ou sale... Car ce fut une mode, sous couleur de « naturalisme ».

L'écrivain, tout en observant son temps, doit le dominer.

Ce n'est évidemment pas une telle insuffisance de pensée qui rendra jamais à l'écrivain la domination intellectuelle de son milieu — comme c'était encore le cas au siècle de Voltaire. De nos jours, l'homme de lettres est bien un produit de son époque : nous ne le lui reprochons pas ; le savant aussi, par sa formation première, doit beaucoup à son époque ; mais celui-ci s'élève peu à peu et la domine, parce que son jugement a des bases autrement objectives, autrement larges et sérieuses, que les idées courantes, fondées sur l'expérience tout empirique des menus faits du jour et de quelques grands faits d'un passé récent. Son savoir lui permet de comparer des époques diverses, qu'il doit examiner non pas selon des idées préconçues (avouez que cette absence de préjugés est plutôt rare), mais avec le seul désir de comprendre. S'il a vraiment l'esprit juste, et qu'il s'exerce à bien raisonner, les idées de cet homme instruit ne seront pas les opinions d'un siècle ou d'une saison, mais elles auront ce caractère indélébile de sagesse qui reste attaché indépendamment des circonstances aux chefs-d'œuvre classiques. La vérité, dans les lettres comme dans les sciences, ne porte pas la marque du temps... La fausse science et la mauvaise littérature au contraire : parce qu'elles empruntent à la mode, aux préjugés, aux illusions du jour — ou simplement de l'auteur. Ainsi les visions orientales ou moyenâgeuses de l'alchimie trahissent bien leur inspiration originelle, le monde de croyances d'où elles sont issues. De même la *Naturphilosophie* de Schelling ne saurait renier son origine romantique ; tandis que le Transformisme de Lamarck (ne pas confondre avec ses contrefaçons) est une œuvre de pur raisonnement expérimental. J'en dirais autrement de l'érudition : le savoir des Encyclopédistes n'est de leur siècle que par la part d'erreur et d'utopie qu'ils y insinuent ; le savoir de Renan approcherait encore plus de la sagesse durable — mais on connaît ses indulgences pour la métaphysique allemande : signe d'une époque. En littérature, les œuvres de pure vérité sont encore plus rares : aussi, combien peu d'écrivains ont légué aux siècles suivants le même lot de sagesse permanente que Boileau, Molière et La Fontaine ! De l'inconvénient de ne pas savoir s'élever au-dessus de son temps... Or l'écrivain romantique, malgré ses rêves éperdus hors de la réalité présente (et justement ce ne sont que des rêves), reste bien *l'homme d'une époque*, où il trouve l'occasion de ses attitudes, de ses ambitions, de ses dédains ou de ses rancœurs ; le romancier « réaliste » ne l'est pas moins, non seulement par le choix de ses sujets, par ses peintures du milieu (ce qui ne l'empêcherait pas d'être classique), mais par ce qu'il y a toujours de si particulier dans sa manière, de si spécial à sa propre vie en ce milieu même. Balzac ne semble-t-il pas l'un des aventuriers de ses romans, avec quelque chose d'un parvenu de la bourgeoisie sous la monarchie de Juillet[1] ? Flaubert est le brave homme écœuré des tares et des sottises d'une société corrompue, et qui les étale sans oser conclure — en se réfugiant dans l'impassibilité : l'artiste est-il fait pour agir, et même à quoi lui sert de penser, dans ce monde jouisseur du second Empire ? De quelle autorité dispose désormais l'écrivain ? Romantique, il se flatte encore de diriger l'opinion du haut de son « génie » ; mais désabusé, il renonce. Il peindra la réalité — sans prétention ni intention, par impressionnisme, pour l'art. Quelquefois, le vieux Moi romantique reparaît : c'est pour clamer son dédain, comme fait Vigny, et Flaubert aussi à ses heures ; il y a ainsi la lignée des indépendants, des farouches, des sauvages, tels qu'un Barbey d'Aurevilly, qu'un Villiers de l'Isle-Adam. Ce ne seront pas ceux-là non plus les éducateurs... Presque seul, et en tous cas le seul à le faire avec cette netteté vigoureuse, un honnête homme de bon sens a entrepris une œuvre de réalisme moralisateur, en offrant à la société de son temps l'image des vices et des malentendus dont elle souffre : c'est un auteur dramatique, Émile Augier. Les comédies de ce Balzac de la scène — mais bien moins profond et moins génial que l'autre, — de cet assez intelligent bourgeois du second Empire, n'ont évidemment pas la vaste portée humaine de celles de Molière. Telles quelles, pourtant, elles constituent l'une des œuvres les plus classiques

---

1. V. ci-dessus, p. 157.

et les plus éducatives du dix-neuvième siècle. Mais quoi! Augier se voyait moraliste, et n'eut que des succès de bon auteur: les prêcheurs ne réussissent guère chez nous, même ou surtout à la veille des grandes catastrophes.

Où conduit le défaut d'une sage direction intellectuelle : ce que devient un pays entre l'utopie et l'empirisme.

Et en effet la France suit sa destinée: c'est-à-dire qu'elle subit les conséquences de cet état d'esprit qui se reflète si fidèlement dans sa Littérature du dix-neuvième siècle. Entre un Romantisme extravagant et un « Réalisme » au jour le jour, entre les illusions de l'idéologie et les tâtonnements d'un empirisme sans idées, entre les poétiques utopies de 1830 et les appétits jouisseurs de la ploutocratie nouvelle (qui donne au peuple un bien dangereux exemple), on pourrait se demander ce qui a fait le plus de mal : le vieux rêve romantique — de Rousseau à Hugo, — ou bien l'épicurisme imprévoyant où l'on était tombé. Mais la question ne se pose même pas. Ces deux erreurs n'allaient point l'une sans l'autre : dans la société luxueuse et corrompue du second Empire, inattentive au péril extérieur, la faculté d'illusions humanitaires — ou aussi bien de rodomontades grandiloquentes, ne s'était nullement affaiblie; on avait toujours confiance en la Prusse — et surtout en soi-même, on avait fêté Bismarck, car on ne craignait personne (ne dormait-on pas sur les lauriers de la campagne d'Italie ?) ; et soudain, c'est la guerre, et on l'accepte « d'un cœur léger » : « à Berlin ! à Berlin ! » ... Tout s'effondre — le régime du moins, car les utopies vont renaître : elles avaient bien survécu à la terrible tourmente de 1793, et à l'Épopée suivie de l'affreux réveil de 1815 ! Après 71, la « République sage[1] » retombe peu à peu dans les illusions et dans l'imprévoyance de l'ancienne avant-guerre. Il est de fait que 1914 a été prévu à peu près comme 1870. Et pourtant, cette fois, c'était la Démocratie... Cette démocratie, en s'affirmant, n'a pas échappé aux défauts de l'état d'esprit qui en avait préparé l'avènement. Les idées directrices, il y a beau temps qu'on les connaît : ce sont toujours les « grandes idées » de 1789, le voile d'idéologie jeté sur les appétits et les revendications croissantes, où la « question du ventre » est élevée à la hauteur des « Immortels Principes »... Tous ces appétits à satisfaire ou à calmer (car il est entendu que « le peuple est souverain ») : ce n'est pas une mince besogne pour les pauvres gouvernants, qui sont bel et bien gouvernés par l' « Opinion ». Celle-ci semble régner partout, dans la rue et au Parlement, est flattée dans les discours et dans les journaux, et l'on prétend, ô paradoxe ! faire de cette puissance capricieuse — *l'Opinion*[2] — la source

1. selon le mot de M. Pierre de Coubertin (cf. la récente étude publiée à son sujet par M. Ernest Seillière).

2. Ce respect — ou cette crainte — de l' « opinion » est proprement le principe des démocraties. Il provient d'un relâchement de la volonté individuelle après une longue période de

d'une plus intelligente autorité. Intelligente? Quels avis éclairés est-elle donc accoutumée à recevoir? lui a-t-on inculqué le respect de la compétence? est-ce bien la préoccupation du régime? Est-ce les gens sérieux et vraiment informés — savants, techniciens, spécialistes — qui dirigent la République, ou bien les politiciens? Que font les « penseurs » de la démocratie? Ils la reflètent, ils l'expriment, ils la suivent, comme Hugo.

L'art de « suivre » en littérature; on suit le goût du public, ou les influences étrangères, ou la démocratie « montante ».

En effet, dans ce monde des écrivains, trouve-t-on vraiment beaucoup d'éducateurs de l'esprit public — et non pas plutôt des suiveurs plus ou moins ha-

vie en société, et en ce sens nous ne saurions le considérer uniquement comme un signe de progrès. Il engendre une certaine espèce de pusillanimité dans la vie publique et presque de lâcheté, d'absence de caractère, qui n'exclut nullement, aux heures de péril national, le courage sur les champs de bataille : aussi, devant des merveilles d'héroïsme, serait-il prématuré de conclure qu'il y aura forcément grand'chose de changé dans les mœurs sociales de demain. — A quoi aboutit d'ailleurs cette lâcheté devant l'opinion, vice profond de certaines sociétés contemporaines, signe de décadence — en même temps que de démocratie (cf. déjà notre étude sur *le Sens des Réalités*), un député a eu le courage de nous le dire: cela aboutit à la tyrannie à peine déguisée d'une minorité de démagogues, et celle-ci n'est possible que par « la pusillanimité sans fond des gouvernants » (cf. M. Fernand Engerand dans *l'Echo de Paris* du 19 septembre 1917).

biles ? Ils prennent le vent, ils sont d'une mode ou d'un parti. Ils connaissent la « manière » qui peut « rendre » : ils commercent, tiennent boutique de littérature, et, tout comme les bourgeois, ils s'efforcent d' « arriver ». Le théâtre surtout offre l'espérance du succès productif et d'une vaste publicité — dont on est si avide en France. Est-il meilleur moyen de plaire, que le théâtre ? Hélas ! ainsi conçu, on devine ce qu'il peut devenir. *Hernani*, *Ruy Blas*, avaient encore une certaine allure — avec leurs airs de mélodrame ; les « pièces à thèse » de Dumas fils se ressentaient de l'idéologie romantique : mais enfin il y avait « de l'idée » ; il y en a surtout, et de l'espèce la plus saine, chez un Émile Augier : tandis qu'avec Scribe et Sardou c'est le détail qui triomphe, le détail d'où naîtra le comique des situations invraisemblables mais bien combinées ; en un mot, c'est le savoir-faire empirique dans toute son insignifiance et sa médiocrité, quel que soit le talent de l'habile « faiseur ». L'art se réduit en effet à la « scène à faire » — à bien faire pour que le public suive l'action sans effort, trouve aux tournants prévus les petites émotions du théâtre, et se juge satisfait d'un auteur qui sait son métier : idéal vraiment un peu primaire que le bon « oncle Sarcey » a élevé à la hauteur d'une doctrine. D'ailleurs on s'est bien moqué de sa théorie : l'impressionnisme a repris le dessus, et quand il a plu aux auteurs dramatiques de concevoir des pièces « impressionnantes » sans queue ni tête, et au public de les applaudir, le « critique influent » en a été pour ses belles indignations d'ancien professeur de rhétorique. Le vent tournait : ou repartait vers l'idéologie — avec un excès de mysticisme et d'étrangeté qu'elle n'avait jamais atteint chez nous. Et cela disait assez son origine étrangère : c'était de l'Ibsen, c'était du Hauptmann, de l'art scandinave ou germanique « naturalisé » en France — avec trop d'Allemands déjà : aspect de l'invasion d'avant-guerre... Nous étions vraiment mal partagés : ou bien d'assez inquiétantes fantaisies d'art noyées dans une métaphysique brumeuse (c'est l'époque des symbolistes, des « décadents », cortège de l'influence allemande et de la dénationalisation d'avant-guerre), ou bien un naturalisme [1] parfois si puissant avec Zola, mais si disposé lui-même à s'égarer dans d'autres rêveries — toujours vers la Révolution sociale et l'âge d'or prochain. A la veille de la guerre, après la convulsion profonde qui s'appelle l'affaire Dreyfus, cette vieille idéologie renouvelée par le lyrisme de Zola [2], et soutenue par toutes les revendications impérieuses de la démocratie montante, était acceptée encore avec un docile enthousiasme par les intellectuels les plus

---

1. Pourtant ce naturalisme était en son principe une estimable tentative de littérature « scientifique » sous la plume d'un écrivain sérieux et documenté. Une interprétation un peu trop primaire et d'ailleurs volontairement brutale — avec, là-dessus, la vision simpliste de la « bonne humanité » de demain — a gâté l'œuvre.

2. Son idéologie lui survécut, mais le naturalisme du grand romancier sembla trop vigoureux, trop cru, trop vrai, aux rêveurs de la jeune génération.

« avancés » de la politique — sans parler de ceux de l'Université. Mais naturellement, cela s'appelait toujours « diriger l'opinion »...

Les intellectuels de l'Université : 1° fonctionnarisme.

Et cependant cette Université n'avait-elle pas pour but, pour raison d'être, la formation de savants et d'érudits, de penseurs — et non d'idéologues, — l'entretien d'esprits indépendants des mouvements de l'opinion ? Mais que sont-ils de plus, dans l'État, et par suite aux yeux du public, que des « professeurs » préparant des élèves ou des étudiants aux examens et aux concours [1] ? Depuis que Napoléon a fait d'eux des fonctionnaires, ils n'ont guère été rien d'autre, officiellement, que les membres de l'Enseignement public, et non de hautes compétences que l'État se ménage et utilise.

2° abus de la rhétorique ; tendance oratoire.

Du reste, il faut bien dire que les vieux défauts de notre esprit public ont envahi cette Université : on y a connu de bonne heure — et applaudi (puisqu'on retrouvait chez eux un idéal familier) les beaux parleurs, les conférenciers brillants, philosophes, historiens ou critiques, pour qui le meilleur du savoir se réduisait à une causerie bien faite. L'art de l'éloquence ne

---

1. Cf. ci-dessus, p. 131.

fleurissait pas seulement à la Chambre, mais aussi à la Sorbonne : sans cet art de la parole, eussent-ils été considérés comme des professeurs ? L'Histoire n'était-elle pas devenue romantique avec Augustin Thierry, grandiloquente avec Michelet ? Guizot, en austère protestant, y mit plus de sobriété mais aussi un parti pris doctrinaire — qui sentait un peu trop l'apologie du régime idéal [1] où la monarchie constitutionnelle allait s'épanouir autour de son infaillible personne. Henri Martin [2], plus lyrique, ramène l'histoire des siècles passés à la glorification de 89 et surtout de 1830. On voit au moins que nos penseurs officiels, pour peu qu'ils fussent bien servis — ou ménagés seulement — par un régime libéral, en prenaient volontiers la défense, parfois même avec certain excès de zèle. Ce n'est peut-être pas très intellectuel, mais c'est si humain...

Cette Histoire tendancieuse, restant liée à la politique, était moins une affaire de science que de doctrine et de tempérament. Comment eût-elle semblé l'apanage de spécialistes universitaires, de purs savants retirés à l'écart des mouvements de l'opi-

---

1. Ce fut évidemment cette bonne monarchie de Juillet... où l'intègre Guizot présida de sa hautaine obstination et avec un aveuglement satisfait au triomphe de la ploutocratie électorale et à la stagnation de nos affaires extérieures (la conquête de l'Algérie fut, il est vrai, une belle compensation).

2. Ce célèbre publiciste démocrate, qui finit académicien sous la troisième République, avait été chargé d'un cours d'Histoire moderne à la Sorbonne en 1848 ; puis le second Empire l'avait jeté dans l'opposition.

nion[1]? Des littérateurs, des avocats, des orateurs politiques, s'en sont mêlés, y introduisant les idées du jour — et tous n'avaient pas la lucide intelligence de Thiers. Il s'agissait bien d'Histoire « scientifique »! on ne cherchait guère dans ces évocations du passé — d'un passé à l'usage du présent — qu'une belle démonstration ou un récit clair et bien ordonné : qualités, du reste, trop dédaignées ensuite par contraste, et délaissées de parti pris par l'érudition tatillonne de l'âge suivant.

Louables efforts d'esprit scientifique chez certains de nos érudits.

Car une réaction devait venir — comme après tout excès — et une réaction qui allait dégénérer en un excès nouveau. On s'était aperçu, dans l'Université, que la distinction n'était pas assez nette entre le maître de Sorbonne et l'orateur politique ou le littérateur; et qu'il serait plus conforme à la dignité du savant de rompre avec ces usages de doctrinaires tendancieux et de conférenciers mondains. Il suffisait d'ailleurs de revenir à une tradition bien française, non moins française que l'abus de la rhétorique

1. Non seulement pour l'Histoire, mais à plus forte raison pour la critique littéraire, l'Université n'échappait pas à la concurrence des « amateurs ». Il est vrai que quand l'amateur s'appelait Sainte-Beuve, on n'avait pas tort de lui offrir, à cet ancien étudiant en médecine, une chaire de Littérature à l'École normale supérieure.

mais incomparablement plus honorable pour la réputation de notre esprit : le goût de l'observation conduite avec finesse et exprimée en langage clair. Ce fut l'éminent mérite d'Ernest Renan, à la fois érudit et penseur — et excellent écrivain, ce qui n'ôte rien au savoir. Assurément cet élégant humaniste et orientaliste, à la pensée encore voilée d'une brume de philosophie vague, ne paraît pas si original en son effort pour faire rentrer l'Histoire religieuse dans l'Histoire générale des civilisations, quand on se remémore les historiens-philosophes du dix-huitième siècle, qu'il surpasse du reste par son savoir et son talent. Cette filiation lointaine, avec les nuances qu'elle comporte, vaut d'être notée, pour marquer certaines origines françaises de l'érudition contemporaine — car il serait exagéré d'en laisser tout l'honneur à l'Allemagne. Il est intéressant, à cet égard, de souligner aussi (ce qu'on oublie trop) la parenté intellectuelle d'Hippolyte Taine avec les mêmes historiens, par ses idées les plus fécondes — déterminisme historique, notion de l'influence des milieux sur la formation des esprits (rappelons-nous son *La Fontaine*) ; mais pour ces idées à la fois justes et larges, combien d'autres singulièrement étroites, qui président, d'autorité, au choix souvent arbitraire de sa documentation assez fragile... Ce n'est pas que l'on ait attendu chez nous les leçons de nos voisins pour inaugurer une rigoureuse « méthode » scientifique en Histoire : le bel exemple de Fustel de Coulanges est là pour le prouver, et même pour offrir aux érudits d'outre-Rhin — s'ils eussent été capables de les apprécier — des modèles de clarté, d'impartialité et de finesse. On voit qu'il n'y avait pas lieu de désespérer de l'intelligence française — lumineuse encore chez plus d'un de nos intellectuels : que n'eussent-ils pas fait, avec une meilleure organisation de nos Universités ?

Après 1870 : les conséquences intellectuelles d'une défaite. On exalte la « Science allemande » .. et l'on méconnaît ses tendances nationales, son utilisation dans l'État, et que sa force est faite des institutions qui la favorisent.

Or justement, après la défaite de 1870, lorsque les yeux s'ouvrirent aux réalités de la puissance prussienne, et que des esprits bien intentionnés, qui n'étaient pas tous des « défaitistes [1] », s'interrogèrent sur les causes de cette puissance, il apparut que le moment serait venu chez nous d'emprunter à l'Allemagne une conception plus sérieuse de la Science universitaire. A cela, nul inconvénient — pourvu qu'on y gardât la distinction supérieure des qualités françaises. Hélas ! ce fut bientôt une mode sans discernement — comme la religion wagnérienne — une germanomanie qui donna lieu à de véritables excès mystiques ; ce fut un engouement aveugle — aveugle à la menace allemande qui se développait avec une sourde fureur, aveugle aussi au mécanisme profond

---

1. bien qu'il y en ait eu quelques-uns dans le nombre...

de cette organisation si forte. Là où l'on ne voyait
que l'application désintéressée de quelques savants
« impassibles », confinés dans des travaux d'érudition
pure, il y avait des spécialistes chargés de l'étude at-
tentive des questions passées et présentes, d'Histoire
intérieure ou extérieure, pour l'information nécessaire
à la politique nationale, donc, en somme, pour le bénéfice de l'État qui finissait toujours par s'en servir.
Ce serait d'ailleurs là, en Science et dans la vie publique, le principe même du réalisme intellectuel —
déformé malheureusement par les fictions mystiques
du Germanisme. Dans ce système d'organisation,
d'où venait le crédit accordé aux savants ? uniquement
de la minutie de leurs travaux ? de ces fameuses « méthodes » allemandes qui étaient du reste nées pour
la plupart en France mais appliquées là-bas plus pa-
tiemment ? oui, d'abord de cette application et de ce
sérieux, mais aussi, et surtout, de la situation officielle
de la Science dans le pays, — en un mot, de tout autres rapports entre l'Université et l'État.

On s'obstine à garder un système universitaire vétuste.

Chez nous, que d'institutions à refaire, à moderniser dans ce sens, d'abord par la refonte de notre Enseignement, si l'on voulait changer l'esprit public !
Mais on ne le voulait pas : allait-on toucher, par hasard, aux « grandes idées » laïques et primaires qui
« dominaient » l'Université... de bas en haut ? Saper

la base du régime — y pensez-vous ? Alors, c'est bien simple : on gardait tout, et l'idéologie et les institutions vétustes, et les « grandes écoles » du temps de la première République, et les concours préparés comme des « bachots » et tenant lieu de production scientifique, et les pauvres Facultés de province et les pauvres petits traitements et les pauvres vieux laboratoires,..

Nos savants en ont pâti. Ceux que l'idéologie consolait : leurs erreurs à la veille du cataclysme.

Aussi les savants d'Université, même les plus sérieux et les plus compétents (ceux-là surtout), restaient-ils confinés dans leur morne besogne à laquelle le public ni l'État ne prêtait nulle attention. Certains d'entre eux en accusaient l'inintelligence de notre société bourgeoise (et ils n'avaient pas tout à fait tort), mais c'était parfois pour mettre leur espoir en la démocratie parfaite qui allait s'épanouir et qui arrangerait tout. On voit que le souci des besognes minutieuses n'avait pas coupé les ailes à la vieille chimère. Comme notre société française, comme notre politique, l'Université avait son idéologie — j'allais dire son romantisme — sa métaphysique d'espérances sociales, et en même temps son empirisme tatillon sans idées claires ni sagesse. Là des philosophes — les théoriciens de la société de demain, — ici de purs érudits — ceux qui se flattent de célébrer dans leurs officines, loin du profane et de l'action, hors même de toute utilité, le culte de « la science pour la science [1] ». Et c'est étonnant comme on s'entendait d'un groupe à l'autre : car, tandis que d'une part on se confinait dans une érudition sans idées, il fallait bien qu'ailleurs on se donnât une revanche d'idéologie. Pauvres astrologues qui regardent trop haut, pauvres critiques vétilleux qui ne voient que de très près, ni les uns ni les autres ne se sont montrés ca-

1. Ces satisfactions de pédantisme orgueilleux ou d'espérance idéologique ne pouvaient suffire à tous les tempéraments. Aussi étaient-ils nombreux, les jeunes Universitaires que rebutait la difficulté des épreuves suprêmes avant le mandarinat supérieur, ou l'intolérance de quelques « maîtres » devenus tyranniques par suite de notre centralisation étroite (c'est l'histoire de la thèse refusée d'Hippolyte Taine), ou enfin la perspective d'une situation assez peu brillante et même peu considérée : on prenait donc sa liberté avec l'espoir des hautes destinées de la politique et de la littérature. Or, écrivant ou politiquant, il faut vivre : on s'adaptait donc à l' « opinion » ; ce n'était pas en lui inculquant le respect du savoir ; l'intellectuel, le plus souvent, essayait comme tout le monde d'être un habile, d' « arriver »... Dans le cas exceptionnel de la belle carrière au Parlement, l'Universitaire devenu tribun reparaissait avec toute l'idéologie de l'ancien philosophe : nous en avons connu un exemple fameux. Parfois, sans sortir de l'Université, le professeur de Sorbonne, délaissant les besognes d'érudition, si peu rémunératrices et tellement ignorées, se chargeait du feuilleton dramatique dans un grand quotidien — et c'était là une autre façon d'échapper à une vie médiocre. Il y avait encore une issue : accéder à de hautes fonctions administratives ; alors on devenait un « personnage » pour cérémonies officielles, une manière de préfet dans l'Enseignement... autre chose qu'un simple professeur. — C'est assez dire à quel point la carrière de savant, avec notre esprit public, nos mœurs, notre organisation de l'Université, pouvait paraître peu satisfaisante à bon nombre de ceux-là mêmes qui s'y étaient destinés.

pables — suivant la formule — de savoir pour « prévoir » : ni la philosophie « sociale » avec le respect de la métaphysique allemande, ni l'érudition pointilleuse hypnotisée par le détail des « méthodes » pareillement dites « allemandes », n'ont su comprendre l'Allemagne véritable, menaçante à nos portes et jusque chez nous ; ces intellectuels t donné là, à l'opinion française — si celle-ci savait juger — une rare preuve d'incompétence et d'incapacité.

Conclusion : la sagesse classique toujours utile aux modernes.

« Savoir pour prévoir » : comme cette définition du but de la Science exprime bien ce que chez nous on n'a pas fait ! *Des faits d'où l'on tire des idées justes :* voilà le réalisme complet — celui des bons esprits du dix-septième siècle ; celui-là est classique et à la hauteur de toutes les circonstances, de toutes les époques, de toutes les nécessités. Adaptez-le seulement à la diversité du monde moderne, à la complexité des questions scientifiques, historiques, sociales ; quelle que soit la nature du sujet, il faudra toujours y revenir, à ce principe de vraie sagesse : *l'expérience souveraine, avec les leçons que l'on en déduit par raisonnement.* N'allez pas chercher au delà, ne cherchez pas non plus en deçà : *pas de « grandes idées » incontrôlables, pas d'empirisme à courte vue...* Oui, des faits d'où l'on tire des idées justes, un savoir qui sert à prévoir : la méthode scientifique est la méthode du bon sens.

Que les hommes de science l'enseignent à l'esprit public, que les gouvernants s'en souviennent, que les littérateurs eux-mêmes ne disent pas le contraire... Autrement dit, que le règne de la compétence — réfléchie et prévoyante — remplace celui de l'opinion. Tel est l'avis que nous suggère le spectacle des illusions et des imprudences du passé.

RENÉ LOTE.

MÉDITATION SUR LA MORT D'UN SAGE

(*A la mémoire de* FÉLIX LE DANTEC).

« L'expérience souveraine, avec les leçons que l'on en déduit par raisonnement » ; donc, « pas de grandes idées incontrôlables, pas d'empirisme au jour le jour » : tel est le point de vue de la vraie science, tel aurait dû être aussi celui d'une bonne politique. Tout esprit raisonnable nous le dirait. Au sortir des excès d'idéologie que nous avons connus, et pour éviter une réaction inintelligente qui serait une chute vers des besognes trop exclusivement manuelles et primaires, il est bon de revenir à la tradition de quelques sages — car nous en avons eu — : ainsi nos grands classiques qui sont toujours vrais, ou encore nos grands fondateurs de sciences — dont Lavoisier est le type intellectuel le plus parfait. Quel que soit le sujet, peu importe : ce qu'il faut leur demander, c'est une méthode pour l'intelligence, un réalisme générateur de raison.

Tel était bien l'avis d'un penseur qui, à une époque toute récente, a fait figure de « révolutionnaire », de

matérialiste et d'athée (mais son athéisme fut si tolé-
rant !). Il vient de mourir. Et je ne crois pas que jamais nul se soit avisé (et que nul y songe surtout
aujourd'hui, au milieu de l'idéologie et aussi de l'empirisme de la Grande Guerre) de dégager la permanente leçon de sagesse qui émane de cette œuvre lumineuse et vivante. Comme je ne voudrais pas que
pareille injustice fût commise — ce qui serait une
perte pour l'intelligence française, — je ne saurais
donner une meilleure conclusion à mon livre qu'en
prévenant ce grave oubli.

Une sèche notice, parue dans les journaux [1] vers les
premiers jours de juin 1917, a informé le public de
la mort de Félix Le Dantec ; quelques articles, surtout biographiques, ont suivi, brefs adieux de rares
fidèles [2] : c'est peu, bien que nous soyons en guerre ;
trop peu, pour ce grand continuateur de Lamarck,

1. L'un d'eux toutefois, et non des moindres — ni des moins
libéraux — tint à honneur de rendre un hommage plus expli-
cite à ce libre esprit, à son œuvre immense : et ce fut pour exprimer, « avec l'admiration de ce qu'a fait Le Dantec, l'amer
regret de ce qu'il aurait pu faire encore ». Ce qu'il aurait pu
faire encore ? ne cherchez pas : c'est que sa pensée, « dans une
dialectique hardie », eût « rencontré... la pensée de Bergson ».
Pauvre Le Dantec ! — quelle que fût sa sérénité scientifique —
il fût entré dans une belle colère, s'il avait pu prévoir les invraisemblables conciliations dont viendraient rêver sur sa
tombe de si étranges « admirateurs ».
2. On a lu l'article de M. Charles Le Goffic dans *la Liberté* : on
en a apprécié le large esprit de tolérance — qui d'ailleurs était
bien celui de Le Dantec ; signalons aussi l'article ému de M. Jean
des Cognets dans *l'Ouest-Éclair* de Rennes.

pour celui qui osa être à une époque comme la nôtre, parmi les nuées plus ou moins germaniques des métaphysiciens de la scie.ice, le solide défenseur de la claire raison française.

Sa « Philosophie » biologique — qui ressemblait si peu à celle des philosophes — répondait à la nécessité pressante de restituer à l'expérience, seul moyen de contrôle et seule source de vérité, sa valeur exclusive qui dément les vaines hypothèses des sophistes : cette méthode et la maîtrise qu'elle procure, la fermeté qu'en acquiert un esprit droit, expliqueraient déjà la vigoureuse franchise des ironies de Le Dantec pour tous les charlatans de la pensée... Mais il y fallait encore le caractère. Aussi, dans la hardiesse de ce franc-parler, pourquoi ne pas admirer en outre un don du tempérament ? Nous l'admirons d'autant plus, qu'ici le tempérament n'est pas l'inspirateur, le conseiller secret des jugements ou des théories, comme chez les éloquents mystiques de nos grands siècles littéraires : non, n'attendez de ce savant ni la fièvre raisonneuse d'un Pascal ni les élans d'un Rousseau ; la vivacité du ton n'intervient chez lui. au contraire, que pour bannir toute inspiration étrangère au pur souci de la logique expérimentale.

C'est encore trop peu dire. La passion du Vrai, dans cette belle tête scientifique, offrait même une particularité rare, déconcertante au commun des esprits : il n'aimait de la Vérité que le plaisir de la comprendre, et non d'en retenir tel ou tel contenu de détails — ce bagage d'érudition où les médiocres

voient si volontiers le terme de toute connaissance ;
lui, il s'intéressait moins à la chose qu'à son explication, moins aux faits qu'à la manière dont ils peuvent
naître — dans l'activité de la Nature.

C'est justement le procédé même de cette activité
infinie (autant qu'on peut la concevoir sans dépasser
toutefois les *limites du Connaissable*) — oui, c'est en
quelque sorte le procédé de l'enchaînement des phénomènes devant l'observateur, cette continuité mathématique où tout se transforme sans que « rien ne
se perde ni ne se crée » ; en un mot, c'est cette *Mécanique* universelle, qui fait l'objet de la Science. La
saisir et la retrouver sans cesse, cette équation qui
évolue, l'apercevoir dans sa généralité ou dans quelques exemples, cela signifie : expliquer, dans le langage des sciences précises, c'est-à-dire, de causes en
effets, suivre la succession des phénomènes, puisqu'elle seule existe d'après l'expérience. C'est quelque
chose de plus précis et de plus utile, c'est un autre
résultat, et cela suppose un autre effort, que de retenir les faits un à un au hasard de l'observation —
comme les empiristes, — sans autre souci que de les
emmagasiner — comme les pédants, — ou enfin pour
inventer, faute d'explication « mécaniste », toute sorte
de principes mystérieux — comme font à tout propos,
en Physiologie humaine, les émules de Paracelse et
de Thomas Diafoirus : renvoyons, pour mémoire, à
la « vertu dormitive » du pavot, ou encore aux « gem-
mules » de Weissmann, et autres créations verbales
de la Pathologie moderne... Simple aperçu de l'im-

mense œuvre critique de Le Dantec, qui, de sa position centrale de biologiste, dégagé de toutes les nuées du langage, avait vue sur le panorama de la fausse science, issue de l'ignorance présomptueuse ou de la sottise érudite : je ne puis qu'effleurer ici d'une brève allusion — ne fût-ce que pour la décence de cette heure funèbre — tous ceux qu'il a fustigés de main de maître en des jours d'humeur batailleuse...

Non point qu'il se flattât de les « convertir », les ingénieux sophistes, vendeurs d'orviétan philosophique pour notre humanité questionneuse, inquiète et crédule : c'est à peine s'il espérait instruire, s'il comptait réellement sur un progrès de l'esprit, dans l'ensemble de cette vieille humanité bercée de mythes et de fictions. Autant il trouvait de hardiesse pour les percer à jour — les philosophies d'illusion, les « pragmatismes » si bien nuancés par les faiseurs les plus diserts, — autant cet « esprit fort » proclamait son impuissance à extirper d'autrui la métaphysique ancestrale, l'héritage de « grandes idées » déraisonnables qui grise les cœurs depuis tant de siècles, et dont est faite, en somme, presque toute notre Histoire.

Et cependant il n'en ignorait aucune, de ces idoles verbales qui s'imposent même à la superstition des intellectuels et encore mieux à la naïveté des foules : de ces dogmes absolus comme aussi de ces « immortels principes », de tout ce qui naît du besoin de croire — aidé par l'ignorance, quand ce n'est point par le désir de duper. Les charlatans ne sont pas tous des médecins — eût dit sans nul respect ce terrible ironiste ; il ne sont même pas tous philosophes ; ou, si vous préférez, il y a aussi les charlatans de la politique, les théoriciens de la « philosophie sociale » : des sophistes flatteurs qui méconnaissent un peu trop les réalités de la Biologie, donc la vraie nature humaine, et dont il était urgent de calmer l'ardeur par une douche de froide vérité. C'est ainsi que Félix Le Dantec fut amené une fois de plus à prendre le contre-pied de l'opinion commune, avec sa tendance à asséner les vérités d'autant plus rudement qu'elles semblaient avoir tout le monde contre elles ; c'est donc ainsi que le plus sensible, le plus scrupuleux et le plus sociable des hommes parut se faire avec une âpre joie le champion de l'*Égoïsme, seule base de toute société...*

Or cela se passait peu d'années avant la guerre, avant la « catastrophe » — qui ne le fut à tel point que par la faute de ceux qui ne la croyaient pas possible, de ceux qui ne jugeaient plus aucun peuple capable d'une si égoïste férocité, et qui, d'une façon générale, substituaient une humanité d'utopie aux violents instincts toujours vivaces sous l'hypocrisie des cités. Et précisément cette Grande Guerre elle-même, cette « lutte pour la vie » entre les nations, avec tant de paroles, tant d'attitudes pendant la mêlée — selon l'usage des conflits humains, — cet ensemble d'écrits, de notes et de discours parmi le bruit des armes : quelle suite au livre éternel de l'illusion et du mensonge ! Là, le cynisme de l'agresseur (qui pour cela n'en est pas moins fourbe) ; et ici au contraire, dans le camp des victimes, les scrupules vrais ou feints (mais lorsqu'ils sont sincères, n'est-ce pas au bénéfice de l'ennemi ?) : en tous cas, plus la pénible lutte se prolonge, imposant l'argument de la Force et de l'Intérêt, et plus le rêve d'un règne imminent du Droit s'inscrit en belles promesses dans l'imagination des hommes, — mirage d'une paix évangélique, nouvelle rédemption dans une aurore de Fraternité humaine, pour les peuples qui souffrent et qui espèrent... Et tout en parlant ainsi, bien sot qui perdrait de vue le calcul précis de ses intérêts et de ses sacrifices, qui oublierait d'y proportionner ses désirs, selon l'usage de toute politique : et si les belligérants, dans leur angoisse mortelle, sont bien forcés de s'en souvenir, les neutres non plus, ces bonnes âmes de neutres qu'immobilise uniquement le scrupule (ils osent encore le dire !), ne se montrent pas plus que les autres « au-dessus de la mêlée » des intérêts humains.

Eh oui ! ainsi le veut la nature humaine ; ou plutôt (car le biologiste n'y saurait mettre aucune misanthropie) ce sont les lois de la vie qui prennent leur revanche sur la métaphysique des grands mots, c'est — surexcité par la concurrence vitale — l'instinct de défense, donc toujours l'Égoïsme, d'autant plus féroce que les conventions de la Morale ou du « Droit des gens » continuent à lui imposer des formes sournoises. Encore une fois, c'est la vie... Mais alors, pourquoi s'obstiner à mentir ? « Chassez le naturel, il revient au galop », eût dit Le Dantec après nos classiques, dont il possédait, avec plus de virulence, le vieux fonds de réalisme et de sagesse. Est-ce à dire pourtant que comme eux il « moralise » (*castigat ridendo mores*) par le rire et par la vérité ? Non, nous l'avons dit : c'est à peine s'il espère redresser quelques esprits — ceux qui déjà avaient envie de l'être ; encore moins s'est-il flatté d'agir sur les volontés : que voulez-vous ! il y a depuis si longtemps des hommes, et qui ont l'habitude des fictions. Que peut le naturaliste ? tout simplement *Savoir*... et aussi le dire quelquefois — même toujours, en sa droiture de savant, étranger aux mesquins détours d'un faux respect humain, où entre pour une si large part la soif de plaire et de parvenir.

En somme, ne pas craindre : mais ne pas espérer non plus, ne pas s'exagérer la puissance d'un bon raisonnement, ne jamais croire à l'action fatale de la simple Vérité parmi tant de séduisantes erreurs. Vous le voyez, ce n'est pas du scepticisme : lorsqu'on a si bien compris la logique des réalités qui se constatent, on ne perd plus son temps à douter, comme Montaigne ; si l'érudition curieuse incline au dilettantisme, la vraie science — celle qui explique — ramène l'esprit au sérieux de la vie, à l'enchaînement des causes et des effets dans les actions humaines comme dans l'univers. Seulement, quand il ne s'agit plus de savoir et de le dire, mais de vouloir et de mettre en pratique, peut-être alors le naturaliste — non pas en dilettante, mais plutôt pour s'être trop convaincu de la toute-puissance de cette « Mécanique » universelle, et de l'infirmité de l'effort humain, oui, peut-être finira-t-il par murmurer comme l'autre : « A quoi bon ? »

Il le dira — mais nulle mélancolie ne viendra lui inspirer le regret stérile de n'être en ce monde qu'un faible « roseau pensant ». Comment le déterministe s'indignerait-il de ce qui est et n'a donc pu être autrement ? Il se résignera, sans soupirer vers des espaces célestes, ni — avec tant de sceptiques — vers les béatitudes d'une philosophie consolante, où se retire parfois, comme lasse de ses propres ironies, l'âme religieuse d'un Renan. Faut-il le répéter ? quel qu'en soit le charme d'originalité littéraire, ces spirituelles attitudes (qui en fin de compte ne laissent que déception à leurs propres auteurs), cette coquetterie avec le Réel, ces airs de railleurs mécontents, ne sont pas le fait du biologiste ; aussi la Science — loin de lui être décevante, — s'il n'en attend que les faits et leurs causes constatables, est-elle pour lui la seule informatrice, la seule règle de sa pensée. Sa méthode (de n'admettre que les leçons de l'expérience) l'incline à quelque sérénité devant le spectacle de la Nature, qu'il accepte, bonne ou mauvaise, puisqu' « elle est ainsi » : sérénité qui a pour corollaire les rudes apostrophes à ceux qui se mêlent de déguiser le Vrai aux yeux des hommes, déjà trop enclins à l'erreur.

Qu'importe si le public se trompe à ces éclats de voix (il est si commode de prendre le ton pour l'idée !), et s'intéresse au polémiste au point de méconnaître le penseur... Celui-ci a trop conscience de la base inébranlable de sa sagesse pour s'émouvoir de ce que le vulgaire en pense : il la cultive en lui, cette sagesse, comme le résultat moral de son attitude de pur observateur ; elle réside dans l'équilibre de sa raison mise d'accord avec les nécessités de la vie — et avec la nécessité de mourir un jour. Ici, en cet état d'harmonie sereine, le naturaliste se retrouve avec Renan, sans que leur pensée ait suivi le même cours : non plus avec le Renan qui spécule au sujet de l'âme immortelle, mais avec le sage... C'est en effet Renan que nous remémore cette sérénité du spectateur retiré sans amertume des agitations de la vie — non point pour la maudire d'une ironie vaine, mais pour mieux philosopher sur ses vicissitudes — un peu comme le marin de notre pays breton, devant les flots que les tempêtes ne lui ont pas rendus moins chers, et qu'il contemple encore en « cultivant son petit jardin », selon l'antique précepte, au retour des grands océans. Lui surtout, le naturaliste, promeneur curieux en toute région de la flore et de la faune terrestres, et qui avait voyagé très loin au delà de l'horizon tentateur, comment n'eût-il pas connu le charme d'errer sur la côte rocheuse autour des criques de sable fin — et de s'arrêter, et de réfléchir, et de revenir là, chaque année, guettant l'éternel retour du printemps sur les ajoncs, tandis que le « pêcheur d'Islande », après le repos d'hiver, appareille de nouveau vers l'inconnu des mers incertaines? Retenons le symbole classique en cette image : *Suave mari magno...* C'est la douceur des méditations sous un ciel triste au bord de la mer glauque — mais avec la notion, plus précise chez le biologiste que chez tout autre, du mouvement ininterrompu des marées, des saisons, des échanges d'énergie sur notre planète ; et toujours aussi, comme le mémento de la « relativité » de toutes choses — et du penseur lui-même — le rappel de l'incessant passage de la vie à la mort.

Alors en effet, trop pénétré peut-être de la contemplation de cette « Mécanique » inexorable, où une pensée paraît si peu de chose ! se prendra-t-il à mettre en doute l'efficacité de l'effort humain : oubliant un peu, devant le spectacle de la grande Nature, celui des hommes et de leur Histoire... et qu'ici les forces de la volonté — quelle qu'en soit l'explication matérialiste — ne sont jamais indifférentes à la marche des événements : ainsi les talents, le travail, et la Science elle-même, dans la préparation et la conduite d'une Grande Guerre... Aussi, puisque nous en sommes à cette guerre, qui restera longtemps le plus grave exemple de l'importance des causes humaines — intellectuelles ou morales — dans la destinée des peuples, n'avez-vous pas reconnu ici toute l'utilité de l'effort, de cet effort avisé, prévoyant, économe et souverainement sage, qui serait le fait d'une Science triomphante des illusions? Oui, *Savoir*, mon cher Maître, comme vous disiez si simplement : mais savoir pour Agir... pour ne pas abandonner l'action aux mains de ceux qui ne savent pas. Ainsi, ne vous est-il jamais arrivé de concevoir que bien des choses chez nous fussent allées mieux, si des esprits justes et droits, aux idées claires, avaient pris dans l'État la place des rhéteurs, des sophistes ; si la compétence avait eu le pas sur l'art de plaire ; en un mot, si notre régime d'opinion publique avait fait une autre part à l'autorité du « Savoir ? »

Mais non : tel que je vous ai connu, vous écartiez cette espérance comme une chimère inopportune, vous rangiez le présent état de choses au nombre des maux inévitables, nés de l'indifférence de la Vie au bien ou au mal, à la vérité comme à l'erreur. Ou encore, résigné à la tyrannie de la médiocrité triomphante, vous acceptiez ce régime en vous estimant bien heureux qu'après tout il vous laissât en paix. « Ainsi va le monde », disiez-vous : « d'un côté les hommes de valeur, et de l'autre les gens d'importance ; étant *quelqu'un*, n'espérez pas devenir *quelque chose :* entre « valoir » et « plaire », il faut choisir... »

Voilà pourquoi, ceux qui comme moi avaient voyagé hors de nos frontières, et observé chez eux nos rivaux, nos ennemis, ne pouvaient se défendre d'une certaine tristesse, à constater le peu qu'était chez nous, officiellement, un homme de Science, celui qui représente par excellence, hors des vanités sociales, le seul progrès possible par la recherche de la vérité... Et s'il n'y songeait pas, celui-là, combien de fois y ai-je songé pour lui, lorsque, après chaque traversée nouvelle de la vie, je retrouvais comme en un port où il serait revenu lui-même d'un plus long voyage en sentant le déclin, ses mains sur ses genoux enveloppés de couvertures, le causeur si franc au regard tranquille, avec je ne sais quel reflet de l'Océan au fond de son œil pensif et grave ; toujours le même, seulement un peu plus affaibli chaque fois, un peu plus près du terme qu'il envisageait sans crainte ; ne s'étonnant de rien — d'aucune forme de l'idéologie et de la sottise humaine, soit dans la paix soit dans la guerre ; un sage, enfin… mais, hélas ! rien de plus qu'un sage, isolé comme une lumière qui veille parmi les fumées de la grande ville. Et en le quittant je me disais chaque fois tout songeur (me rappelant sa formule) qu'étant « quelqu'un » il n'était pourtant « rien » — presque rien dans l'État, rien dans aucune Académie, rien qu'un « chargé de cours » en Sorbonne [1] : avec son nom, avec son œuvre, avec sa lumineuse intelligence française dont le prestige rayonnait jusque sur les Amériques ; lui, comme prédestiné par l'exceptionnelle précocité de sa jeunesse à devenir ce qu'il pouvait bien appeler avec ironie un « prince de la Science », titre que justifieraient pourtant de pareils hommes pour la grandeur de leur pays…

Quant à lui, il s'en doutait peut-être ; mais il savait surtout qu'un jour, quel que fût son sort terrestre, et

1. Avec 9.000 francs par an (après quelques promotions) : un peu plus qu'un percepteur dans son petit canton de Paimpol ; beaucoup moins qu'un bon contremaître dans certaines usines.

la fortune de son immortelle pensée selon le jugement de ceux que si naturellement il appelait des
« imbéciles », il s'en irait, comme ses aïeux, reposer
sans conscience sous un tertre fleuri ; et qu'ainsi fini-
rait son œuvre comme toutes les entreprises ; qu'il
en resterait du moins la Vérité, et que sans doute il y
aurait toujours une élite pour se le redire d'âge en
âge — l'élite véritable [1], celle qui dans les ténèbres

1. C'est assez dire qu'elle n'est pas nombreuse. Aussi ne fu-
rent-ils pas nombreux non plus, ceux qui jugèrent opportun —
selon l'usage et la formule — de tresser des couronnes à l'illustre penseur défunt. Soit dit sans ironie : c'est chose impres-
sionnante, et qui donne à réfléchir aux vivants, que ce silence
qui parfois s'établit soudain autour de célébrités disparues, et
où le respect de la mort entre pour une faible part. Les raisons ? La première de toutes, la plus générale, est que tout
succès d'actualité, surtout dans telle grande cité du vingtième
siècle, est de nature particulièrement instable et fugitive : devant un public toujours en quête de nouveauté, il faut écrire ou
parler sans cesse, pour faire parler de soi ; l'écrivain qui ne
renouvelle pas l'attention cesse aussitôt de l'occuper : c'est ce
qui advient fatalement quand il meurt... Toutefois, à l'instant
même de sa mort — qui est incontestablement un dernier « fait
nouveau », — et à l'occasion de la solennité des funérailles, il est
rare qu'il ne suscite pas encore un suprême regain de curiosité
(je demande pardon aux mânes des défunts — et surtout à leurs
familles — de cet horrible cynisme, qui n'est, hélas ! que l'expression de la vérité courante). Quelques semaines après, il est
déjà bien tard. Hâtez-vous, vous qui êtes un fidèle, vous aux
yeux de qui ni le temps ni l'indifférence de l'opinion ne sau-
raient ronger de sitôt cette œuvre de granit ; ne prenez pas
votre temps pour donner au cher disparu un adieu digne de lui,
médité dans le recueillement d'un pieux silence ; ne laissez point
passer le court délai accordé aux auteurs d'éloges nécrologiques
— où l'on attend d'ailleurs quelques-unes de ces discrètes perfi-
dies qui sont le régal du genre : ne comptez pas que, s'il est —

se transmet le pur flambeau de Science ; mais que,
pour changer l'ensemble de notre humanité, il fau-

dans le nombre des périodiques asservis à l' « opinion » — une
Revue quelque peu indépendante qui s'honorait de ce collabora-
teur spirituel et mordant, celle-là lui marquera plus de reconnaissance qu'il n'est sage d'en attendre d'une maison de commerce
pour le bon employé qui n'est plus. L'heure sonne, l'heure a sonné :
hâtons-nous vers d'autres affaires, inquiétons-nous de collaborateurs plus jeunes, qui nous remettront à flot dans les nouveaux
« courants » de l'opinion...Car il n'y a pas seulement une question
de personnes, mais aussi une question d'idées : celles-ci, comme
celles-là, ont leur temps ; et comme c'est la personne qui soutient l'idée, il n'est souvent que trop vrai de dire : mort l'écrivain, morte l'œuvre. Et l'on ne voit guère le moyen d'éviter une
assimilation si injuste, du moins dans le jugement des amateurs
d'actualité.

Le cas de Le Dantec est encore plus grave : il était de ceux —
mieux que cela : il était celui — qui ose dire la vérité (la seule,
celle de la Science) dans notre société moderne saturée d'illusions ; il est évident que ses triomphes (il en eut) lui venaient,
pour une part, de sa hardiesse, de sa verve inusitée — voire
même de quelque fausse apparence d'anticléricalisme ou d'anarchie, plutôt que de la valeur intrinsèque de ses idées : il avait une
trop médiocre estime de ses propres lecteurs pour ne pas s'en
rendre compte ; il savait que, pour le gros public, cette force
persuasive que l'on porte en soi-même s'éteint dès la mort, avec
le son de la voix... Sans doute il s'agit d'un écrivain, non d'un
orateur : ses écrits restent ; mais qu'on l'attaque, il ne sera plus
là pour répondre ; le public le sait, et l'adversaire aussi ; la
chose a donc moins d'intérêt ; le cercle des badauds se disperse
et s'en va... Il y a plus : par ce vilain renom de matérialiste et
d'athée, par ses vertes leçons aux philosophies de mensonge et
à l'hypocrisie sociale, Le Dantec risquait fort, une fois dissipé
certain tapage de scandale — auquel il resta toujours bien
étranger — d'avoir contre lui, un jour, non seulement l'oubli
fatal de la foule moutonnière et versatile, mais l'oubli volontaire, la rancune de tous les faiseurs d'illusion qu'il avait fustigés. Ainsi, méconnu de la plupart de ceux qui le suivaient,
craint et détesté des autres, il semble avoir — pour l'instant —

drait trop de savants, trop de volontés patientes, une trop grande foi dans l'avenir ; et qu'il valait mieux, ainsi, cheminer droit devant soi sans y croire, jusqu'à l'heure inéluctable de l'éternel repos.

RENÉ LOTE.

le sort qu'il pouvait prévoir. S'il avait aussi peu douté de l'action que de la Science, s'il n'avait pas renoncé à devenir « quelque chose » pour le bien de son pays, peut-être se serait-il avoué que le plus sûr moyen de faire survivre sa pensée est encore de lui préparer des disciples — ce qui ne veut pas dire seulement : préparer des élèves à leurs examens, mais exercer une influence sérieuse sur la formation des esprits, joindre au prestige du nom l'autorité réelle que doit l'État à ses hommes de Science. Sans doute les exemples qu'il a vus autour de lui ne le disposaient pas à croire qu'on pût jamais associer le génie novateur et l'exercice d'une fonction — fût-elle d'instruction publique. Telle était son opinion, je le sais, sévère peut-être pour quelques autres, mais singulièrement timide en ce qui concernait la portée de son propre effort : et ce n'est pas la preuve la moins curieuse de la timidité de l'homme qui était d'autre part un penseur si hardi... A-t-il songé combien l'inaction des gens de valeur — inaction forcée le plus souvent, par la faute des institutions — pèse lourdement sur l'avenir d'un pays comme la France, et, par suite aussi, de l'Humanité, dont l'esprit français précisément se flatte d'être toujours le flambeau ? — Simple retard, espérons-le encore, et pour l'avenir de la science française et pour la gloire définitive d'un de ses plus dignes représentants... Car il faut bien que ce pur esprit scientifique, cet indépendant, cet incrédule, prenne sa place dans le panthéon des maîtres de la pensée — si du moins la voie de l'avenir est celle du progrès (comme il en doutait quelquefois), de ce Progrès qui n'est pas celui des démagogues, mais qui s'obtient par les efforts de l'esprit... et de la volonté.

TABLE DES MATIÈRES

CHAPITRE PREMIER

1ʳᵉ ÉPOQUE : L'AUTORITÉ DU CLASSICISME

UNE DISCIPLINE INTELLECTUELLE DANS LA SOCIÉTÉ FRANÇAISE

La leçon du « grand siècle » : ce qu'elle signifie pour le présent, p. 8. — L'éducation d'une élite. Le perfectionnement individuel — par l'expérience et la réflexion — est la condition du progrès dans la vie de société, p. 9. — Le régime : les avantages et les écueils, p. 13. — Versailles : le danger d'orgueil et les dessous de l'étiquette, p. 15. — L'œuvre qui reste : la méthode classique, p. 20. — Les altérations : l'abus de la rhétorique, des raffinements subtils, des vanités mondaines. Considérations sur le tempérament français, p. 25. — 1ʳᵉ période : le classicisme de la « raison »... ou de la volonté. Il durera autant que l'énergie du régime, p. 31. — Où ce classicisme est raisonnable, moral, humain ; où il est abstrait, tendu, déclamatoire, p. 36. — Corneille : raison et rhétorique, p. 39. — Descartes : expérience et métaphysique, p. 42. — Pascal : bon sens moral et mysticisme, p. 46. — Avec ses qualités et ses défauts, ce classicisme marque une apogée de l'énergie française, p. 50. — 2ᵉ période : déclin du 1ᵉʳ classicisme ; stagnation et déclin aussi du régime, p. 53. — La revanche du naturel, de l'instinct, — et de l'imagination, p. 55. — La revanche

CHAPITRE II

2ᵉ ÉPOQUE : LA RUPTURE DES INTELLECTUELS AVEC L'ANCIEN RÉGIME

DU MÉCONTENTEMENT A L'UTOPIE

CHAPITRE III

3ᵉ Époque : DE LA RÉVOLUTION A NOS JOURS. LES INTELLECTUELS SOUS LE RÉGIME DE L'OPINION PUBLIQUE

ENTRE L'IDÉOLOGIE ET L'EMPIRISME

MÉDITATION SUR LA MORT D'UN SAGE